创建有温度的英语课堂

洪正萍　著

吉林出版集团股份有限公司
全国百佳图书出版单位

图书在版编目（ＣＩＰ）数据

创建有温度的英语课堂 / 洪正萍著. -- 长春：吉林出版集团股份有限公司, 2023.12
ISBN 978-7-5731-4478-2

Ⅰ.①创… Ⅱ.①洪… Ⅲ.①英语课－课堂教学－教学研究－中学 Ⅳ.①G633.412

中国国家版本馆CIP数据核字(2023)第234113号

CHUANGJIAN YOU WENDU DE YINGYU KETANG

创建有温度的英语课堂

著　　者	洪正萍	
责任编辑	王丽媛	
助理编辑	张碧芮	

出　　版	吉林出版集团股份有限公司	
发　　行	吉林出版集团社科图书有限公司	
地　　址	吉林省长春市南关区福祉大路5788号　邮编：130118	
印　　刷	唐山富达印务有限公司	
电　　话	0431-81629711（总编办）	
抖音号	吉林出版集团社科图书有限公司　37009026326	

开　　本	710 mm×1000 mm　1 / 16
印　　张	8.5
字　　数	145 千字
版　　次	2023 年 12 月第 1 版
印　　次	2023 年 12 月第 1 次印刷

书　　号	ISBN 978-7-5731-4478-2
定　　价	48.00 元

如有印装质量问题，请与市场营销中心联系调换。0431-81629729

前　言

　　英语作为一门国际语言，在国际社会中展现出关键作用。由于社会对英语专业人才的需求持续增长，仅具备阅读能力和应试能力难以符合社会对英语专业学生的要求。因此，对于英语专业学生而言，学习英语不仅要达到各类考试的标准，还要能用英语进行交流。同时，当前的新形势对英语课堂教学提出了新要求。学习英语是一件较为枯燥的事情，课堂教学效果关系着整个教学效果。如果课堂气氛过于压抑，学生就会感到疲惫并产生抵触情绪。因此，教师需要创建出积极活跃的英语课堂氛围，才能够让学生充分感受到英语学习的乐趣，从而激发他们对学习的热情以及积极性。除此之外，英语课堂教学也需要掌握一定的方式方法，有效的教学方式才是提高英语教学效果的关键。

　　本书共分为六个章节，对英语课堂教学的各个方面展开了研究，首先对英语课堂所包含的多种模式进行了阐述。以高中英语教学为核心，分别对英语教学中所包含的词汇、语音、语法、听力、口语、阅读以及写作等方面的课堂教学策略以及创新进行了探索。分析了培养高中英语在听力、口语、阅读以及写作等多个方面核心素养的策略以及具体实施的方式方法，进一步地提出个性化的英语教学模式，个性化教学模式的开展，需要制定一系列相应的策略，从教学理念的提出到明确教学目标，再针对目标做出相应的教学设计，实施后做出评价，为英语课程教学的开展提供行之有效的方案。英语教学成果需要经过目标的确定以及过程的设计等一系列的方式来进行检验，才能有所创新以及突破。英语教育的研究仍旧存在各种各样的问题，需要教育者们利用科学的方法以及先进的教育理论对英语教学进行更深入的研究，这样一来，就给英语教师提出了更加严格的要求，需要他们不断地提升自己的人文素养，利用自身所具备的专业素质来影响学生以及教育学生，这样才能够适应时代发展的新形势。

目　　录

第一章　英语课堂教学模式

第一节　英语课堂教学模式研究

一、课堂教学模式的内涵

教学模式的定义因人而异，有很多不同的解释。接下来将从几方面认识"教学模式"。

教学模式被定义为"人类基于特定的学习目标而构建教育活动框架的一种模拟、简约和假设性的描述"。

教学模式的关键在于从系统结构功能的视角来探讨现场教学过程中的各种方法，研究它们的理论和实践基础，进而建立一个系统化与多样化相融合的教学模式体系，为优化和高效地选择教学方法提供支持。

教学模式是在特定的教育观念引领下构建出的与特定任务相关联的教学流程和执行策略体系。

教育模式也被称为教育流程模型，是教学理论中特定科学术语的一部分，代表着："一种基于实际的教育法则与一定程度上的教学引导理念所产生的，教师和学生在教育进程中需要遵守的相对稳定且固定的教学步骤及执行手段的战略系统。"

虽然关于教学模式的定义观点各异且繁多，但是对于其核心构造元素的理解相对一致。所以能够透过这些构建模块来深入了解这个复杂的教育体系——它是由五部分组成的一个完整系统，包括理学原理（theoretical foundation）、学习目的（learning objectives）、课程流程设计（curriculum design elements）和实施方案（teaching strategies）及最后的学习成果评测

（evaluation of learning outcomes），这五个关键成分共同构成了整个系统框架。第一，该学科的基础知识为所有实际操作提供了指导原则，并且也塑造着这一教育的形态特征及其架构形式；第二，明确的目标设定也就是预期实现的结果或者说是期望达成的最终状态也非常重要，因为这可以作为衡量此种授课风格是否有效的标尺之一；第三，重要组件也就是具体的步骤安排或称之为"程序"，这是为了确保所有的参与方都按照一定的逻辑关系有序推进，保证活动的顺利完成而制定的一系列规定动作；第四，针对如何有效利用各种资源去达成上述设定任务所采取的具体措施或是行动指南就是所谓的"战略"；第五，对已经发生的事实做出客观公正全面准确科学合理的分析判断以便找出其中的问题，进而提出改进意见的过程就叫作"测评"，其中不仅包含教师自身的表现，还涵盖学生的反馈信息，同时也要考虑到这种特定的方式能否真正满足需求。

二、课堂教学模式的发展阶段

教学方式并不是一成不变，会随着教学实践的进步而持续演变。总的来说，教学方法的演变主要经历了三个阶段：被动接受型、启发接受型和参与研究型。

（一）被动接受型模式

这种教学模式过于依赖教师、教科书和教室，忽略了学生的核心角色。教师们通过直接阅读课本的方式来传授内容，而学生们则被动地吸收这些信息并机械记忆，他们一直保持着一种消极的学习态度。典型的例子就是传统的"灌输"方式，也就是教师把学生视为储存信息的工具，向其输入大量的预先准备好的理论、原则或公式等知识。常提到的"填鸭式"教学便是一种被动学习的教学方法。

在这个教学模式中，教师采取了一种单调乏味的教导方法来传授知识，忽略了对学生潜在能力的发展和他们自我驱动的热情与活力，并没有让学生成为课程的核心部分，这使得学生的学习受到了限制，导致学生的探索能力不足，也妨碍了学生独立思考解决问题能力的发展，同时还影响到学生团队协作技巧的提升。所以，这种教学模式无法促进学生的全方位成长，也不能满足当今社会对人才的需求。

（二）启发接受型模式

伴随着教育的进步，人们逐渐意识到学习并不只是被动地接收，单纯灌输或强制式的学习方式无法高效传递信息。因此，倡导以教师为中心，以学生为核心的教导观念，意味着教师的授课方法从传统的念课本转变为了提问学生，提高学生的自主思考能力和自我探索能力，提升学生的独立研究技能，鼓励学生在课程学习过程中多用头脑和手去操作。

这个教育模式的特点是提问与解答，教师在准备课程时需要深入理解教科书的关键点和难点，同时针对课程关键问题提出问题，让学生根据教师的引导进行思考和实践。相较于被动接受式教学效果有所提升，但在课堂上，学生对问题的回应和表达都是在教师的规定和监督之下完成，因此他们的独立学习的能力并未充分展现出来，而且他们依然处在被动接收状态，整个教学流程主要由教师提问而学生作答的形式构成，没有达到显著提高学生自我学习能力的目标。

（三）参与研究型模式

伴随着教育的进步和发展，教师的授课方式也在不断优化升级。20世纪末期，引入并采纳了一种来自欧美先进国家"student—centered learning"的教育观念——强调学生的主体地位。在该教学模式中，教师会给学生提供独立探究机会，让他们通过自己或者团队的方式去查找信息、提问质疑、解答疑问并且表达他们的见解想法等，同时也能感受到这个过程中的乐趣所在并对所有的学习行为做出评估判断，使学生不仅能对学到的知识点做出评判还能对自己学习的进度给出反馈意见。此外，学生之间也可以通过协作探讨的方式完成任务，而教师需要做的就是营造一种能够让他们找到答案的氛围。

开放式教育方法能够激发学生的积极性。这种教育方式与被动接受和启发式教育方式有着根本的区别，它的出现是教育领域的一次重大突破和变革。

三、我国当代主要课堂教学模式

我国目前的教学方式主要包括示范-模拟、传递-接受、自学-辅导以及情境-陶冶等。之前已经阐述过，各种不同的教学方法是由于其组成元素的差异所引发的。

（一）示范–模仿教学模式

示范–模仿教学法是一种以教师为主导，通过技能展示来帮助学生有效掌握知识的教育方式。这个方法是最古老的基础教学方式之一。具体来说，示范–模仿教学法由如下要素构成。

1.理论基础

通过言语和肢体动作来教授与传承是一种实践方式，这是初学者掌握技巧的最直观、最具象且成本最低的方式。它能立即让人的行动产生反应，有助于快速识别并纠正错误行为，同时持续巩固正确的做法，从而大幅提升了教学效果。

2.教学目标

学生们通过模拟教师的示范动作，掌握诸如阅读、写作等基础行为技巧。

3.教学环节

这种教学方法的主要步骤包含四部分：定向教育、积极参与式培训、自我实践和转移运用。具体来说，教师先向学生阐述执行技巧所需的基础原理，接着通过展示来教导他们如何执行，让他们开始动手试练，逐步进行模拟；接下来，鼓励学生独立练习，及时纠正学生的错误，帮助学生掌握正确的动作；最后，引导他们在不同的学习环境中对学到的知识与技能加以利用。

4.教学策略

在教育过程中，教师需要持续向学生提供有关模仿行为的信息反馈，以便学生能够立即了解自己的模仿行为是否正确，从而有助于行为的准确塑造。为了让学生的行为得到更全面、及时的回应，教师应该指导学生们互相交流和观察。

5.教学评价

这种教育方式的适用性极强，可以应用于众多学科的技术培训。它能够提升学习效果，但是在这个模式中，技能的塑造主要依赖于学生自我实践的成果，因此，教师仅扮演组织者角色。

（二）传递–接受教学模式

"五段教学"由赫尔巴特及其学生席勒提出，后被俄罗斯学者凯格夫等人进行改良并引入中国。中国的教师们结合自身教学经验及当代教育理念和心理学原理，做了些许修改，形成了一种名为"传递–接收式教学法"的基本教学方式。这种方法在中国基础教育领域内得到广泛应用，并一直占据着主要位置。"传递–接收式教学法"的主要构成因素包括以下几点。

1.理论基础

此种教育方法强调充分发挥人类理性和间接学习对获取知识技巧的影响力，以此来提升学生利用这些潜力去更高效地吸收资讯的能力，并在短时间里成功摄取大量的资讯，把教学视为简化的学习历程；此外，也重视教师在授课中起到的指导角色和影响力。

2.教学目标

教师通过在课堂上深度剖析和系统性讲解，向学生传授前人积累的文化知识技能及经验，使学生掌握基础知识，培养他们的基本技能，并促进他们的认知构造的发展。

3.教学环节

在教学过程中，教师要激发学生的积极性、帮助学生回顾过去的课程内容、教授新的知识点、带领学生进行实践练习以及进行评估。

4.教学策略

教师需要依据学习者的知识体系和理解能力对所授课程进行处理，确保与学习者已有的认知模式形成紧密的联系。同时，也应注重将理论知识与实践操作相结合，把获取知识和提升技能融为一体，从而使得教师的主导地位和学生的主动性得到发挥。

5.教学评价

这个教育方法具备以下优势：首先，能够让学生在短时间内更快速、高效吸收大量知识，这是人际交流中传递学识与学习成本最低的方式之一；其次，可以充分利用教师的引导能力实现预期教学目标。然而，此种方式更多用于课本内容的教授，适合强化基础理论及技巧培训，也适应集体课堂的教育内容设置，所以其适用领域有一定的限制。而且该形式可能导致学生成为被动接受方，这可能会影响到他们的学习积极性。

（三）自学—辅导教学模式

自学—辅导教育模式是一种以学生主动学习为核心，教师始终在指导学生学习的教育方法。其构成元素如下所示。

1.理论基础

基于"教师主导、学生主体"这一对立而又和谐的教育理念，"自主性和依存性并存"的学生心智成长观念和"掌握学习的教育观点"，构建了理论框架。

2.教学目标

培育学生对课程的浓厚兴趣、良好的学习态度和自我学习习惯、自我学习技巧和方法。

3.教学环节

这种教育方式包含五个主要步骤：设定目标、自主学习、激发思考、实践应用和总结评估。首先，教师会向学生明确学习目标；接着，引导学生独立完成任务以实现目标；在此期间，教师会对学生的进度进行监督，以便及时发现潜在问题并在必要时提供支持；接下来，教师收集所有有意义的学生提问，并将它们整合成一组，供全班同学一起探讨；经过深入讨论之后，教师会为学生分配一些实际操作的任务来验证和强化他们的理解；随后，教师会对每个学生的表现做出实时评判，并且依据获得的信息调整后续的教育计划；最后，为了确保学生能够全面地吸收和理解所学的知识点，并引导学生整理、归纳所有的概念和理论。

4.教学策略

选择的教育素材应具备适当难度且适应学生自我学习需求，同时需设定清晰的学习主题、范围与深度要求，并且公开指出教育的主要焦点及挑战所在。作为教师的职责是指导和启发学生，需要既能调动学生的求知欲望，又能确保他们在开始自主学习之前有足够的辅助资料，保障学生自学过程的顺畅。

5.教学评价

这种方法能够增强学生的自主学习和自我认知，有助于培育学生的独立学习技巧和学习习惯，提升学生的创新思维能力。

（四）情境–陶冶教学模式

情景–陶冶式教学模式是在学习过程中创建出一类能同时激发情绪与智力发展的课堂氛围。在这种舒适且充满乐趣的学习场景下，学生们不仅能够高效掌握学习内容也能培养其感情素养——这是一种被称为"情知互动型教授方法"的新型授课方式，"这种理念是基于中国研究者对罗萨尔多·洛扎诺维奇所提出的启发引导式课程设计原理进行深入理解并融合中国实际教育教学经验后发展出来的新颖的教育策略之一，具体包括"体验导向型的讲授""积极向上的学校文化""成功的教师指导""欢乐学习的概念"以心育心的思想体系等。

1.理论基础

这种方式包含情知教学论，当代心理学原理及其衍生的暗示教育方法。情知教学论主张学习过程中应实现感情与认知的一体化。在其观点中，情绪体系能够激发、保持并调控学生的学习行动，发挥驱动功能；认知体系则是用于吸纳、储存及转换知识。这两种体系需协同推进，互相影响以达到优秀的教学成果。同时，根据当代心理学原理，人类的理解是由有意识和无意识的心灵活动共同构成，也是理性思维与情感反应共融的结果。

2.教学目标

让学生在一个愉快、轻松的环境中，实现精神高度集中和完全放松；使他们以最良好的学习状态去理解知识，享受学习过程，从而高效且高质量地掌握所学内容。

3.教学环节

这个教育方法包含了四个主要步骤：创建环境、感受环境、归纳和转换。教师需要依据课程的目标和内容，利用言语描述、音乐营造氛围、图像展示等方式来构建一个理想的环境。这有助于激起学生的热情；学生们可以通过参加戏剧演出、歌唱、聆听音乐、对话交流等多种方式在无形之中获取知识与技巧；最终，由教师进行总结，让学生从中理解所涉及的科学原理，体会学习的核心精神，并将这些认知和经历转变成为可以影响他们思维行动的原则。

4.教学策略

这种教育方法需要教师具备多项技能，例如演示与口头沟通的能力，同时能够满足特定需求，比如使用音乐课本、工具等。此外，教师自身也需融入这个场景里，让学生的情绪能跟上教师的节奏，这样就能把学生带入课堂的环境中，实现激发学生学习积极性和提升学生认知水平的目的。

5.教学评价

在第一种情景下的陶冶教学方法中，学生在学习时不容易感到疲惫或厌烦，这是因为他们积极投入到教学活动中。所以，这个方式对大量且持续的教育任务具有积极效果，它能有效地使学生快速并深入理解知识点，同时也能提升他们的认知水平及美学素养，这对塑造个性与人格也有很大的促进作用。教师教课的方式并非固定不变或是机械化，会随着时代的演进、教育的进步而不断改进。现在正处于信息科技高速发展的时代，教育的环境、资源、设施、工具以及理念都在发生转变。因此，教课的方法必须保持灵活性和多元性以满足信息时代对于学生素质的需求。

第二节　摸索不同课堂教学模式

构建新的教导方式涉及了教师价值观的转变，这是由创立者的教育思想、教学原则和丰富实践经验所构成的。投身于这种新型教学方法的研究需要教师对教育有热情，教师对自己的职责及对学生要认真负责。这会激发学生研究的欲望并提供持续的学习动机，培养出克服挑战可能会失败的勇气和信念。教师自身的教育知识和双语能力构成了这项新式教学法研究的基础。同时，他们在探索这一创新型教学策略的过程中，也能提升自己的理论理解能力和运用语言技巧，进而推动他们的长期进步。可以通过以下方式进行探索。

第一，学习。在此前开展自我教育方式的研究时，推荐教师优先阅读和理解其他已经存在的教育方法。例如，本章节主要介绍的教育策略，都经受了时间的验证，被众多教师喜欢且已被证实是非常有效的方法。教师可以依据自己的兴趣和需求选择适合的教学方案进行深入学习，可以发现，该教学方案中的某些行为或许和日常自身教导学生的过程相类似，但区别在于，教师未从理论角度对其加以思考过。

第二，仿效。根据个人的教导经验，试着应用选定的教学方法，观察它是否能提升教学成果。通过亲身参与，教育者们对于这种方式有了深刻的体会。他们深知这种方法的特性及其运行机制，并对那些适用的方面产生了强烈的认同感和熟悉度，同时也会对不适合的部分产生想要探索和改良的欲望。在这个阶段，教师已经开始了对教学模式的研究心态，并且踏出了这个领域研究的第一步。

第三，创新。通过借鉴并试验他人的教育方式，可以在理解和应用相关的教育理念后，对自己的教学行为进行反省，寻找最符合自己教学环境和学生需求的教育方法。建议从阅读相关文献开始，以便更好地了解别人已经做过的研究工作，然后根据这些信息选择合适的课题，设计出个性化的研究计划。执行这项任务时，团队合作往往能取得更好的效果，例如课堂案例分析法就是一个很好的例子。经过探索，我们发现两种教育模式。

一、"以学生为中心"教育模式概述

（一）"以学生为中心"教育模式的概念

"以学生为核心"的学习方式源自欧美地区，其主要观念是强调学生在课堂中的主导位置，鼓励他们积极参与学习并实现自我发展与达到多样化的教育目标。在此种环境中，教师需要担任组织的领导人兼指导员，他们的教案设计、思维方式和策略都需要充分考虑到学生的理解能力。这种新的学习方式使得学生不再像以往那样被动地接收信息，而是能够充分发挥自己的主观能动性。

（二）"以学生为中心"教育模式的优势

第一，这有助于激励学生的主动参与。通过强调学生的核心角色，能极大地提升学生的热情，从而减轻了对教师的束缚和制约，让学生能在更宽松的学习环境里学好英语，防止学生出现抵触情绪。第二，有助于构建良好的课堂气氛。在"以学生为主导"的教育理念下，师生之间的交流将会更为有效，并就英语学习的难题进行深度的研究和讨论。同样，学生也能表达出真实的观点和疑问，以此来提高自主思考能力和提问的能力，这对全面素质的发展是至关重要的。所以，教师需要进一步探究"以学生为主导"的教育方式如何应用，以便充分利用它的实际效果，达到现行课程标准的期望。

二、互动式教学教育模式概述

（一）互动式教学的概念

"Interaction"这个词语可以理解为其核心在于"inter"和"activity"，即相互和行动的意思。它不仅指个人的主动行径，还包括整个系统的积极反应。在这个高中的英文教育背景中，"Interactive teaching"是指教师如何引导自己及教导对象（如教材）之间形成思维交流，感情联系或信息的传递等等。这种方式能够创造出一种有利于学习的氛围并赋予词汇活力，同时这也是学生们通过此种方法习得新技巧的关键步骤之一。对于大部分的高级中学来说，听力训练被视为重点内容但忽略掉了学生的主导地位：他们在接受教育的全阶段并没有完全融入其中——这使得长时间以来一直沿用的传统的教育策略使这些孩子们的外语运用能力和社交沟通能力的提升受到阻碍，因为言辞表达是人们日常生活中最常使用的工具，所以需要确保它们之间的有效对话才能实现有效的社会化进程——这也是为什么要强调课上互动的重要性所在！

（二）在高中英语教学模式中，互动式教学的影响。

英文教育的核心场所主要是在教室内，其中授课是最常见的教育方法之一。然而在此种情境下学习的结果往往只是理论知识和书面表达能力的提升，却无法培养出真正的口语沟通技巧。与此相反的是，采用新颖的教育模式——即时反馈式的课程设计能有效地提高学生的参与度及团队合作精神；这种新的教育教学理念不仅可以增强学生的社交技能还能让他们更好地认识自己从而塑造更健康的心态。

1.体现学生主体地位

在传统的高中英语教育方式下，主导的角色通常由教师担任，并侧重于知识的传递。这种授课方法往往会造成学生们形成一种被动地学习和回应的态度。然而，通过实施互动式的教学策略，希望突出学生的核心作用，全面激发他们个人及团队间的交互行为，鼓励每一个学生积极投入学习过程中，提升他们的自主意识。同时，从教师的角度来看，这样的教学方式可以让他们更深入地融入每位学生的教育教学过程当中，有效激活他们的主动性和热情度，这不仅可以提高学生的自我驱动能力，也能让师生之间建立起深厚的感情纽带和思维共鸣。

2.教学资源共享

传统的英文教育方式仅为单一输出的闭环课程设计，学生的知识来源主要是依赖于教师和教材的信息传递。然而实际上，无论是师生还是同学都可能充当提供资讯的关键角色。这种交互式的教导方法能激发教师的热情并影响到他们自身的行为；同样地也能让同学们互相激励彼此及整个团队的表现。在这个充满交流的环境里，可以迅速获得学习成果并对资料实行分享利用。

（三）实施互动式教学的措施

为了改革传统的高中英语授课方式，教师需要加强对于英语课程核心理念的理解，并且利用先进的教育科技工具。教师应尽可能多地给学生提供实际运用英语的环境，搭建学生互相沟通和展示自己的舞台，并在教室里营造出和谐的师生氛围，促进他们的对话与交互。伴随着中国现代化信息教育持续进步，高中英语授课需借助于最新的信息化手段来替代旧有的教法，以创新的方式让学生们参与到互动式的学中去。

1.建立一个师生互动和生生互动的教学环境。

关键部分是在师生和生生之间建立交互式的教育方法上被突出出来；它打破了一种以教师为核心角色且主导传统的授课方式——让学生的参与成为主体并占据首要位置，这种做法对激起学生对于学习的热情是非常有益处的。无论是采取项目导向的学习策略或场景驱动的方法或是实施交流型的课程设计，其目的都是为了增强英文课室的教育吸引力从而提升他们的求知欲望。初级阶段的学生需要掌握听力理解能力（包括听取信息）、口头表达技能及阅读技巧等四个方面的知识基础，这些都可通过实行交换型的方式去达成目标。而在培养学生语言沟通能力和教授的过程中，师生的相互作用主要是通过问答的形式体现出来的。

2.通过开展各种交互游戏，更进一步增加课堂教学的丰富性。

在英文课程里实施交互式的教育策略，强调师生和生生间的交流应以教导目的为主并保持持续变化的状态，因此教师必须仔细研究课本特性，深度理解课室内的教学主题，运用自身的创新思维去策划各种多样化的互动环节，避免直接复制别人的成果。教师们常用的互动模式包括角色模拟和辩论竞赛等等。角色模拟是指依据课文的内容特质，分配不同的学生担任特定角色，学生的表现行为需符合该角色的属性。例如教师在教授机器人课程时，应努力营造适合的学习环境，按照每个角色的差异给学生分组，指导他们详细解读角色的性质以便于阐述他们的看法，同时需要解释为何持有此种见解。

第三节 教学模式研究成果推广

一、教学研究成果的应用策略

（一）教学研究成果的完善

教师基于初期的教导探索结果，以持续添加或修正的方式来丰富和优化自身知识体系，使其更为完备且科学。当他们在做教学研究的时候，主要产出的是一些针对特定教育的试验结果，并以论文或是研究报告的形式呈现。然而，目前为止，这些发现仍然处在较为基础的层次上，缺少合理的逻辑性和科学性，离完美的教学成果仍有一段距离。因此，教师需要对其做出适当的调整。与此同时，也应该参考相关教学理念并听取来自教育专家或实践者的观点，从中汲取有益的信息，让课题更有深度和意义。利用科学有效的手段，把研究成果打磨得尽善尽美，强调它的科学性、完整性和系统性。唯有通过不断地深入研究和分析，仔细审视初级成果中的缺陷和不足，运用科学高效的手法，保持严谨性和科学性的原则，努力追求研究成果的极致化，才能够充分发挥其实际作用，并且确保研究的结果能充分展示创新精神，否则就无法彰显其研究价值。

（二）教学研究成果的应用

研究结果应被有效运用以支持具体的教学活动，从而改进和提升现有的教育体系。把研究成果融入实际的教育过程中是验证这项研究的重要环节。对于这个研究来说，主要目标是为了改善教学流程，解决问题，指引前进道路。因此，仅仅依靠发表文章来展示研究成果是不够的，教师需要关注如何将其成功运用于教育教学中。这与其他领域的研究有所区别，因为它主要是为了服务于教学进程，旨在改革现有基础上的教学方式。这样可以更好地满足学生的需求，让他们掌握更多的实用知识。研究成果的形成是一个持续、反复的过程，包括思考、探索、建立理论、多次修改、校对、测试等步骤，最后才得以完美呈现，以便更好地适应实际情况，带来显著的教育收益。只有真正将研究成果投入教学活动中去，才能充分发挥它的价值，不然就失去了研究的目的。

二、教学研究成果的推广策略

一直以来，教育研究领域的学者们都关注研究成果的应用和普及。一方面，众多基层教师期待获取有用的教育教学方法，却困惑如何找到这些信息；另一方面，很多教育科研项目完成后，其结果往往被搁置一边，无法发挥实际作用。这种情况的存在主要源于研究成果供给与需求之间的交流不足，亦缺少有效地传播研究成果的方法。在这一问题上做了一些探索，发现下面这三个策略具有一定的参考意义。

（一）扩大研究实验

当一项研究项目完成并提交了最终报告后，这标志着该项研究在这个特定的时期内暂时结束。然而，接下来的任务则是分享所取得的研究成果并且进一步开展更大规模的相关试验以验证其有效性。事实上，许多的教育研究项目可以持续地推进，伴随着对问题的深入探讨及广泛覆盖，新颖且有价值的研究结果将会源源不断地出现。

（二）媒体合作推介

"导学–自悟"英语教育方法的研究团队携手英语周刊出版社，共同在《英语周刊》设立了一个名为"导学–自悟"英语教育方法研究及实践专题栏目。这个栏目涵盖了关于这一教育方式的教育理论、实际应用策略、需要的学习资料等方面内容，旨在向有兴趣参与此项研究和试验的各校师生提供一种简单且有效的方式来加入这项实验中。这样的协作形式不仅能使课题结果得到更好的呈现，同时也让媒体自身能够更深入地融入课程改革之中。

（三）行政部门推广

教育管理机构有计划地推广教学研究成果是将其转化为实际课堂教学效果的关键途径。然而，这种推广并非行政命令，而是在课题研究已经深入人心并取得了令人满意的课堂教学成绩的大环境下，由教育专业机构来组织和扩大实验。

通过各种方式展示研究的结果，展现出研究全流程，包括课题选择到研究产出的每个环节都是透明化的。这有助于其他教育工作者理解并接受这一研究成果，进而在课堂实践中去验证它，从而找出存在的问题及其优点，推动研究成果的持续优化和增补，以达到最佳的研究效果，同时难了其合理性和科学性。如此一来，既能使得研究成果得以深化，也有助于让这个研究成果被广泛地分享和传递，让更多人有机会使用这个研究成果，实现它的最大价值。因此，如果有这样的研究成果，应该积极向公众展示，鼓励大家加入进来，以便更好地改进和完善这个研究成果。执行时，教师需要详细描述自己的研究历程，深入解释研究背景和目标，强调研究的精确度，并对产生的影响因素进行全面而系统性地分析，明确研究的目的，对于可能出现的问题和不足应予清晰揭示，指明具体的教学策略。

通过各种途径分享并讨论自己的科研发现是公开性的教育活动的一部分。这种持续的展现和沟通有助于推动知识的普及和扩展。为了达到这一目标，需要明确推广的目标并在教学实践中解决问题，以推进教育的进展并提高效率。此外，要让研究结果更有效地运用到教学中去，应根据教学的需求和实际情况来调整，通过广泛的互动让更多人理解、采纳这些方法，从而发挥它们的作用，体现它们的价值。在这个过程中，应该采取互相探讨的方式展开，避免单向的说教方式，这可能会产生相反的效果，而有效的解答疑问才是关键。对于具体的应用环节来说，需要注意的事项也需要阐明，以便这些研究结果能更好地融入教学环境。

　　实施以示例为主导的教育方式可以有效推动教育创新的研究结果向更广泛的人群传播和普及。实际上课堂上的教学活动才是获得知识的重要基础；而书籍、奖项等形式并不能完全代表我们的科研成就。唯有把这些理论付诸到实际行动当中去才有可能展现出学生的真实意义所在——也就是让他们从书本走向现实世界的过程之中来实现他们的最大潜力！教师可以采用多种方法如开设公选课程等方式来说明这一理念：教师要根据实际情况制订合适的教材内容及授课策略，还要关注每个孩子的不同特点以便更好地满足他们个性化的需求从而创造更好的学堂氛围，激发孩子主动求知的热情，增强他们在学校中的表现力最终达到教育的最佳效果

　　实施与教育相关的辅导任务是必要的步骤之一。虽然上述提到的方法可以用于传播教育的知识和技能，但是需要更深入地研究如何去推动这些措施的发展并将其扩展到更多的领域中来实现更好的效果。这包括从多个角度出发：第一个要点是在教育教学领域的支持服务；第二个要点是对个人学习过程中的实践技巧提供反馈及建议以促进他们的进步；第三个要点是要关注特殊情况下的个性化的教导方式；第四个要点在于确保教授策略既符合逻辑又具有实用价值并且不仅仅只限定在一个小的区域内而是考虑整个大局的情况给予全方位的支持和服务。同时也要注意引导教师们的具体行动、鼓励他们在更大范围内分享自己的成功案例以便让更多人受益从而达到整体的教育质量上的显著提高。此外也应该强调的是要重视教师的个体差别性和个性化的问题处理能力的培养，这样才能让教师更好地理解不同类型的学生的需求并在设定课程时做出更为合理的决策选择出最合适的教材等一系列举措，以此保证课堂的高效运行，同时最大程度发挥每个孩子的潜力，最终达成全体师生的共赢局面。

第二章　高中英语课堂教学探索与创新

第一节　高中英语词汇课堂教学探索与创新

一、高中英语词汇课堂教学的内容

首要任务在于明确高中英语单词课程的核心内容。唯有如此，教师才能够根据这个核心内容制订并实施有效的单词授课方案。对于中国的高中学生来说，他们所学的语言是外国语，所以单词课不仅仅涵盖与单词相关的所有知识如含义、应用方式及语法等四项要素，还应该包含如何有效学习的技巧和方法。基于这些因素，将从五个角度来阐述高中英语单词课程的主要内容。

（一）词的相关信息

词汇信息不仅涵盖了单词的发音、拼写方式，还包括了词性、前缀和后缀等。这些都是英语词汇的基础信息，也是高中生在学习英语词汇时必须掌握的核心内容。

语音与书写形态构成了字词的基础存在方式并作为区分不同语汇的关键因素之一。每种言辞均有相应的声调表现。每一个单字都具备了它们的形状、口头表达及意义；然而在此之中，应该首先关注的是如何教授这些文字的声音部分——即学习者需要掌握好他们的朗读技巧以确保他们能够有效地传达信息并且避免误解的发生。比如，若将"vest/vest/"念作"west/west/"，那么这个英文短语的意思就从原本指代的外套变成了代表着西部的意思（如美国西部）。由此可以看出：一旦教师的阅读或口语中出现错别字或者无法清晰发出某个特定汉字的标准普通话时的标准腔调的话，将会直接导致他人对于该文本所要传递的信息产生混淆，甚至可能发生完全曲解的情况。所以，教师在向学生传授外语知识的时候必须先让他们学会标准的发音方法以便于他们在日后更好地记住那些新学的生僻用法及其含义所在之处。"

对于英文语言学习者来说，不仅需要掌握其字母组合和拼写的规则，还需要了解每个单个字符所代表的声音（即声音）。因此，当教师在教授高年级学生的课程内容的时候，必须注意到这些因素并将其整合在一起来授课。这意味着教师要教导他们如何通过听觉去理解形状、记住它们；同时也要让他们能够根据他们的听力经验推断出正确的形态。

对于高中生来说，学习并熟练运用前缀与后缀是至关重要的一项任务。因为它们不仅能影响到单词的意义及类别，而且还会导致其发生变化。比如，"se"这个前缀常常代表着"分裂为两部分"；"per"则经常意味着"每个连续的部分"。另外，像"a-ab-un-dis-im-"这样的前缀一般都暗示了"否定"之意。然而，相较于前缀而言，后缀在大多数情况下并没有明确的语义。它主要用于指示单词的词性。当在某个单词后面加上后缀时，很可能会对其词性产生影响。由此可知，深入研究并掌握前缀与后缀对学生的词汇理解、记忆和应用能力有着极大的提升作用。

（二）词的意义

相比于词的信息联系，词的定义更为繁复且深奥。从语义的视角来看，英语和中文间的差异使得某些词语的解释在二者之间存在着内在及外部层面的不同。词义可以被划分为两个部分，一部分指的是概念性的意义，这通常就是词典里标明的内容，也被称为词语的基本含义或者广义；另一部分则是相关的意义，它包含了该词在特定文化和实际使用情境中的含义，也被称作词语的狭义。很多时候，一个词的含义会因上下文而有所变化。因此，需要根据句群段落和前后文来理解某个词的确切含义，尤其是那些具有多种含义的词。

从上述案例可以看出，同一种语言元素具有多种相关联的解释，在不同的环境下，它的解读应当有所区别。这表明，对词汇含义的领悟与语境密切相关。所以，在教授高中的英语单词时，教师需要利用各种方法让学生明白语义和场景的关系，并教会他们如何根据语境来理解词义。

（三）词的用法

单词的使用方式涵盖了广阔的内容，如配对关系（即同伴）、惯用的表达组合或成语俗语、语言风貌及领域范围等等。其中，对于高中的英文课程来说，学习并掌握各种不同类型的单词使用方法是非常关键的一环。在一个具体的环境下，每个字都有可能需要配合一些特定性的其他文字来一起应用。比如"con—clusion必须跟上cometo"，"decision则需选择makewithoutitor take"；有一些常用于连贯使用的术语是不可以随意替换或是混合在一起运用的，"去上学""睡觉前离开床铺"是可以接受的说辞但是不可以讲出的是"回家"，"允许""准许""考虑""建议"这些动作之后都应该加上ing形式而不是to form的形式才正确。当同学们能够熟练地理解并且记住他们已经学习的所有相关联结规则时，这不仅仅能使他们在实际操作过程中更加自如且有效率，同时也能提升他们的听力阅读写作翻译能力水平。

各种术语的具体应用场景各异。部分语言元素被广泛运用于多种环境下，然而其他的一些却仅限于特定的对话情境，若是在这些特定情况下使用它们会被视为无礼行为；另一些只适合口头表达，而在正规文本里它们的出现并不恰当。如children、kids和offspring虽然指代相似对象，但在实际应用上存在差异，children可作为通用词汇出现在任何场合，包括书面或口头形式；kids主要用于日常交流，不适合严肃场合；而offspring更倾向于书面语，多见于正式文件等。某些英文单词能适应多个领域，不过即便如此，每个词语所代表的意思仍会因使用的场所而产生变化。以hot为例，这个词常用来描述温度高，这是一种书面表述方式；但是在口语交际中，它的含义就会发生转变，比如说"He's such a hot guy! "这里的hot并非指他身体热度大，而是强调他的外形或者气质迷人。此外，词汇还具有褒贬两面性，像politician和statesman都是对政治家的称呼，只是前者的负面色彩更为明显。同时，词汇也可以分为抽象和具象两种类型，比如clothes和coat均指衣物，但前者侧重于整体概念，后者更加聚焦到具体的单品。"外套、大衣"是第二种含义，它所表达的信息要比第一种更详细。通常情况下，对于高中的学生来说，他们主要是依赖于记住单词的基础属性、发音、形状和意义，然而，如何正确地使用这个词语却需要经过大量实际操作的学习与理解。

（四）词的语法

对于高中的英文课程来说，其中一部分内容涉及对特定语言元素（即我们所称之为词法）的研究——这部分主要涵盖了关于名称数量的变化情况及其是否可以被视为计量单位的问题，动作行为的具体性质问题比如主动被动关系如何影响表达方式的选择等等。此外也包含了一些其他方面的话题像描述性和修饰类的用词位置等问题也需要关注并给予解释指导。因此当教师教授某个新生字时，应该明确地告诉学生这个新的学习对象属于哪一类别或者有哪些特定的属性特征，以便学生更好地理解记忆这些信息。

二、词汇教学的创新视角研究

（一）语义场理论与词汇教学

若缺乏语法规则，教师所能传达的信息会变得非常有限；同样地，如果缺失了词汇，教师将无法描述任何事情。词语对理解、交流、阅读、写作及翻译等各种语言技巧发展具有关键作用，因此其在语言教育中的位置至关重要。无论是教材编撰者的视角，或是教师或者研究人员的立场上，他们都持续寻找新的方式来改进英文单词的教育策略、路径和技术。例如，有人关注发音，也有人专注于使用习惯，甚至还包括一些关于记忆技巧的研究。总之，英文单词的学习一直以来都是英语教授和学习的重要研究主题。

作为当代意义论的重要贡献之一，语义场的探讨始于十九世纪末期由德语文言学的创始人——Humboldt所引领的研究方向。然而直到二十世纪三十年代，一些来自德国与瑞士的构造式语言学者才首次明确地提出了"语义场"这一理念。他们认为应该从联结的角度并以发展性的视角来探究语言元素；同时强烈支持着对于整个系统的一致性和外部影响下词汇含义的变化应予以重视的态度。

语义场理论聚焦于词汇间的关联性，主张若想构建一个完备的词汇体系，则其中的每个词汇都需在语义层面上互相连接。语义场代表了个体词汇及全套词汇的实际存在。作为一个大集合的一员，它具备与其同类的特性，例如能在语言构造里被整合；与此同时，也展现出词汇系统的特质，也就是由较小元素构筑。

因为在一个含有多个相关概念构成的一个领域内，每个术语并不独立存储在大脑里；相反的是它们是互相连接并构成了我们思维模式的一部分——当我们想起某个特定名词的时候，往往会同时回忆起来或者被激发其他的同类项。基于这个观点来看的话，很多专家都把这种现象视为有效的学习方式之一并对它进行了深入探讨。部分来自西欧地区的科学家们也开始关注到两种不同类型的知识获取过程当中所涉及的认知机制问题，他们强调说人类更愿意使用类似的方式去理解、记住新的信息内容而不是单纯依赖机械式的死背硬记法。另外一部分人还专门设计了一些相关的试验项目用来验证他们的假设是否正确无误，比如有位名叫"白"的人就曾经做过一项有关如何提高学生的阅读能力方面的调查报告，他认为那些成绩优秀的同学都是采用了一系列由逻辑推理串联起来的思考路线图式样作为自己的主要工具，但是对于大多数普通的同学来说却还是喜欢依靠音韵规律等因素组合成一个个声调相近的声音。

（二）通过语义场理论对高中英语教材的词汇教学设计进行分析

根据当前几套现行的高中英语教科书，可以看出，词汇教学活动设计的状况主要体现在以下几个方面：

首先，相较于其他部门，词汇教育占有了主要的战略地位。除了常规的词汇表之外，单元介绍活动、阅读后活动以及单独的词汇教学等都包含在内，并且这些组成部分在整本书或者全套书中占有很大的篇幅。

其次，各种活动类型繁多。常见的包括与语音有关的训练、词性转换、构造词汇的练习、词义解释、观察图片来写词、查找图像中的单词、搭配词语、组合词语形成句子、替换、问答、分类、列举、选择、修正错误、填空、排序、研究、头脑风暴和完形填空等。

再次，活动展示的辅助手段多样。涵盖了以图像、表格、描绘、线条画法、语境等为主要形式的各种单独或组合方式。

从次，词汇量庞大。在词汇教学过程中，除了选择词表上的词汇外，还增加了许多与主题相关的已掌握词汇。

最后，以主题为中心展示词汇，进行词汇实践训练。这样的设计在很大程度上反映了语义场理论的思想。

　　尽管高中英语教材的词汇量和含义都相对较少，如活动类型或表现形式等方面并不像初中那样丰富多彩，但是它更注重在多种活动中运用词汇能力，这也使得学习词汇的广度和深度变得更为关键。因此，语义场理论具有指导性作用。

　　当前的高级中学英语课本通常是以主题作为核心来展示单词的关系，这不仅限制了相关的观念并且明确了语言领域的边界；同时也使得单词活动的策划更加关注于单词间的相关性。这类对于中学生应该掌握的词汇范围进行了语义领域设定的教学内容，让每个单元的话题中心词汇有了系统的学习计划。然而，这一策略也有助于学生们在学习单词的过程中更容易形成"场"的概念和认识。学生们经过这些具体实践了解到了语义领域之间差异及相互作用，他们明白到语义领域的层级、转变、交叉等等特点，这样可以让他们按照自己的需求去总结单词，构建符合个人习惯的语义区域，从而扩展他们的词汇知识，提升对单词的理解力和记忆力，最终奠定他们在应用和表达能力上的进步的基础。

　　尽管如此，因为词汇教育是以主题为核心而设定的，这也揭示出课本中的词汇规划存在一些其他的缺陷，比如过于限制词汇的使用场景导致其教学计划只浮于表面，难以展示单词的多义性。此外，语义场的丰富度不足，例如当前广泛使用的几款初中高中的教材，从它们的呈现方式来看，对语音和形状相关联的语义场应用不多；观察实际操作，大部分都是以名词为主导的语义场，忽视了其他词性的重要性；从功能角度分析，并没有创建一个基于语义场的词汇列表，这使得用户很难有自主构建自己语义场的想法。此外，有些教材根据主题设定课程架构，但在设立各阶段、每个单元的主题时并未充分考虑到这些主题间的连贯关系，例如某个单元讲述的是校园生活，接下来的单元就变成了宇宙科学，然后又转到历史领域，这样的方式让不同的单元主题间、不同年级所讨论的话题缺少紧密的联系，从而影响了一些词汇的重复出现频率，使得学生们更难将已经掌握的词汇与即将或者正处于学习过程的新词汇形成语义上的连接。因此，词汇教育的目标不仅仅是扩大学生的词汇知识面，还包括让他们能够有效地利用并表达出来，所以教师不能仅仅满足于增加他们的词汇储备，还要提升他们在已有词汇基础上的运用的熟练程度。这是在开发教科书的过程中应该思考的一个关键点。

（三）语义场理论对高中英语词汇教学创新的启示

透过上述解析可知，现行的高中英语教材中的词汇教育策略已经在一定程度上应用了语义场的概念，然而仍有改进空间。因此，如何充分利用教材所提供的信息并深化其语义场的作用于教学过程中？基于语义场理论和已有相关的研究成果，可以通过融合、抽象化、组合等方式强化语言场对教育的引导作用。需要注意的是，这种语义场分类的方式应根据实际情况调整，因为有时候它们的界限模糊且互相影响，但也有时候各具特色，需因地制宜，灵活使用。

第二节　高中英语语音课堂教学探索与创新

一、高中英语语音课堂教学的原则

在遵循教学规则的前提下，语音课堂教学方法得以创新和进步。高中英语语音课堂教学应当坚持准确性、示范性、模仿性、整体性、一贯性、交际性原则。

（一）高中英语语音课堂教学的准确性原则

准确性是在高中的英文口语课程中最重要的指导方针之一。学习的目标在于提升个人的交流技能以达到与他人有效互动的目的——这意味着不仅需理解他人的话语含意并能清晰地传达自己的观点；同时也要确保口头表述能够被对方完全领会且不会产生误解或混淆的情况发生。若无法做到精确无误的话术输出，那么双方之间的对话可能就会陷入困惑甚至失效的状态之中。所以，对声音元素的学习及应用对于提高个人言辞传递的效果至关重要并且也是构建有效的社交关系的基础所在。为了实现这一目的，教育者应采用多种教法来引导学生深入了解声调变化的方式及其所涉及的口腔位置等细节问题从而使他们养成良好的说话技巧并在实际运用过程中保持其一致性和稳定性的特征。

（二）高中英语语音课堂教学的示范性原则

对于学生而言，教师的有效引导和示范，就是要让他们能够注意观察、理解并进行模仿。这种有效的示范方式对于学生学习英语发音起到了极大的辅助作用。

首先需要正确的示范音作为模仿的基础，这样学生才能够听到并理解到正确的声音，进而实现更精确的模仿。在教授语音的过程中，教师必须先行做出示范。借助对教师的口腔形状及发声方式的观察，学生可以感受到英语的语言特征，这有助于他们更好地掌握正确的发音技巧。为了使学生的口语表现更加出色，应当确保教师的示范发音既清晰又精准，同时保持一定的语调规范。在展示过程中，教师要适当且有节制地解释一些关键点与难点，以便于学生更容易吸收这些知识。此外，教师还可以使用电子教育工具、直接的声音模拟器或实物模型等手段，以方便学生的学习过程。

（三）高中英语语音课堂教学的模仿性原则

在高中的英文口语课程里，不仅有展示的环节也需要跟随学习的部分——要有一个好的榜样来引导学生去效仿。而在优秀的演示及指引下开展的学习模拟活动被认为是用于掌握英文字母读法最有效的方法之一。所以说，这种跟从并尝试复制的行为模式尤为关键且不可或缺；没有它的话，就无法准确地学会正确的口头表达方式。唯有通过这样的实践操作加上大量的训练后才有可能形成学生的良好听力理解能力、分辨能力和说话技巧。针对某些难度较高的字句朗读问题上，教师必须提供适当解释以便让学生了解其特点然后更顺利地完成复述任务；然而那些较为基础的部分则可以直接照搬过来就能达到预期的效果。

当教师引领学生进行模拟训练的时候，需要关注几个方面：首先，为防止学生感觉语言课程单调无趣，应该采用多种方式来设计模拟训练，以激发他们的兴趣；其次，模拟训练的实施需结合群体模拟和个人模拟，同时包括高声模拟和低声模拟，可以从全体开始逐步过渡到个人，或者反过来操作；再次，教师必须及时修正学生的发音错误；最后，教师需要注意观察学生模拟时的发音情况，以便尽早识别出他们在模拟中可能出现的问题，并且要有耐心地积极指导，纠正并激励他们。此外，教师还需要经常与学生沟通，了解他们在学习过程中的挑战，特别是对于那些比较内向且很少主动发言练习英文的学生，教师更应该多花时间跟他们聊天，鼓舞他们更多地参加实践活动。最后一点是，要在清晰易懂的前提下，借助已学的单词，通过理解去反复操练。唯有在准确发音的基础之上，大量的练习才能使学生真正掌握标准的、优雅的语音语调。

（四）高中英语语音课堂教学的整体性原则

在高中的英语语音课程里，其整合性的体现是通过字母引出音标的学习，从音标学习单词，再由单词构建句型或者反过来；同样也可以通过词组带动音标，或是利用音标引导字母的学习。这种方式强调了字母与音标的同步教育，同时也将字母、音素及单词视为一个统一的体系来教授。此外，还应注意到，不能仅仅对语音单独进行教学，而需要将其融入如口头表达、交流互动等多种语言活动中去，也就是让语音课与这些活动相互融合并形成有机联系。这意味着，教师在教导学生的时候，不仅仅只关注于单一的声音元素，更需着眼于声音如何组合成完整的句子，并且理解其中的含义和使用方法。所以，在英语语音教学过程中，单纯的声韵符号自身并没有实际意义，只有当它们的排列有序且与其他语言要素相结合后才具有真正的价值。另外，教师在授课的过程中，除了要加强学生的发音训练外，还需要时刻提醒他们要在真实的英语对话环境下锻炼自己的语音技巧和语调变化。

（五）高中英语语音课堂教学的一贯性原则

教师应坚持贯彻高中英语语音课程的一致性准则。这不仅限于初始阶段的学习目标，而是作为一项持续性的工作，需在高中的所有时期内执行。依据学生的英文水平，设定特定的发音训练的内容、职责与标准，并使其成为整个英文学习的核心部分。

许多人误以为只有在刚开始接触英文的时候才需要教授发音技巧，但这个观点并不正确。正是因为这样的观念使得部分教师在向学生传授基本的发音规则之后，便停止了对于高中的英语发音练习。这样一来，学生们无法获得足够的英语发音学习的机遇与实际操作的机会，即便他们的单词量和语法水平有所提升，但是由于发音能力的不足，他们听力和口语的能力发展也将会被制约。事实上，初级阶段的发音教育只是整个过程的一个重要起点，不能期望学生在初期阶段就能完全掌握发音技能。因此，发音、语调等方面的培训应该根据所使用的语言资料逐步提高，并在进入初级阶段后的各个英语课程中持续强化训练，深入研究发音问题，让发音更自然、顺畅，最终达到符合英语交流标准的程度。

（六）高中英语语音课堂教学的交际性原则

遵循交流准则意味着在高中的英语语音课程中应使语音与特定社交环境相融合，以引导学生理解并解析语音的社会内涵并在实际应用中运用他们所学习的语音技能。目的是实现有效的交流，因此需要掌握恰当的语调、重点、节奏等等技巧，这能确保有效传达个人意图，推动交流活动的展开。根据交流准则的要求，教师不仅要教导学生正确发音，还需让他们广泛接触到实用的自然语言。唯有通过将语音教育嵌入具有价值且场景化的语言练习和任务导向型语言训练中，并且在实践中学习，一边学习一边应用，才能够切实提升对语音的学习能力，从而达到熟练运用英语进行对话的目的。鉴于当前音频资料、网络技术以及先进科技的发展趋势，学生具备充分的机会聆听真实的、自然的语言素材。

二、语音课堂教学的创新方法

（一）交际法

现如今，很多教导英语发声的教师已经超越了诸如语法练习、认识任务和辨别任务、发音体系和发音器材以及音标解释等常规的语言学教室教育方式。自始至终，交流式学习都发挥着主导作用。同时，对发音理论的研究也在逐步偏向以对话为基础的学习方法。为了提升普遍性的理解水平，教育的焦点逐渐转移到超过音节层面的教学上。目前，对于发音教学来说，强调音节和超音节之间的平衡变得越来越重要。以往的声音和功能的关系主要关注如何正确地发音和调整语调，然而传统的发音教学往往忽视了这个过程中的声音—功能和意义间的相互影响。因此，关于发音教学的基本概念正遭受严重的挑战。现在，越来越多的人把注意力放在提高流畅度和使用交流式的教学方法上，特别是一节课的前半部分，即准备环节，更是注重沟通的功能。

（二）声音背景

当前的语音教育主要侧重于塑造纯正的英式口音，这包括更为真实的声音环境或说"声音品质"。所谓的"声音品质"是指某种语言的特性，例如：音调、元音的空间分布、中部的舌头位置等，同时还涉及英语学习者常用的口腔肌肉活动区域及强度。仅靠理解音节并不能实现对"声音品质"的把握。

对英语声音的影响最大的因素是其喉咙所处的地位：当位于或接近于中心位置时，能生成更为柔和、深沉且富有磁性的声音；而大多数英语语音则是在喉咙处于低能量状态或是较为松弛的状态下产生的，这使得它们显得轻松自如，同时也能清晰听到他们的呼吸声。由于他们处在口腔的中段区域，相对来说也比较宽松，仅有部分学生的舌头会在向上颚移动的过程中表现得十分活跃。为了达到纯正的地道英式口音，理解并掌握英语发音的特点至关重要，然后依据这些特点来调节自身的发音位置也是必要的。经过一些训练，比如仔细观察和学习英语发音时的发音器官动作模式，可以有效改善发音情况。

（三）戏剧技巧

越来越多的人倾向于将戏剧中的发音方法引入到语音教育中，这些方法在实际操作过程中确实能帮助学生更有效地控制发声，纠正一些陈旧的发音模式，具体涵盖了舌尖训练和语调训练。

（四）多感官模式

教育策略注重多元感知方式。无论是通过听力、视察、触摸、身体感受还是闻到或尝到，都可在各种学法里有所表现，并能有效提升对英语发音学习的理解深度。这种多样化的学习手段与"脑友善变革"的研究结果相符。该"变革"指出，学习过程应包含多种感知形式的融合。此观点揭示出当前语言教学更倾向于关注实体特性而非抽象特性的现状。

（五）情感域

研究显示，语言的学习对情感元素极为敏感，其核心部分与其个人的自我认知、社会角色及自尊心有着紧密的关系。故而，当前语言实践教育的一个新趋势在于关注学习的心理层面，而非传统上注重知识的积累。只有当身心处于轻松自在且心情平缓时，才能达到最理想的吸收式学习效果。实验证明，内心宁静并有一定信心的环境有助于第二外语学习者的发音输出。由此可见，营造一种无压舒适的空间环境成为当代语言教育的重点问题。通过运用戏剧手法，能有效地缓解语言训练过程中的焦虑感。如此一来，这使得语言学习者更乐于开口说话，敢于挑战不同的发音或语调方式。

（六）神经语言学

其中一种被强烈推荐为创新研究手段的是神经语言学的应用。这种方法主要关注人类的心智活动方式，包括思维模式与行为反应等方面的基础认知。它的核心在于对被称为"状态"的神经处理流程的研究。

第三节　高中英语语法课堂教学探索与创新

一、语法教学的主要内容及目标

（一）高中语法教学的主要内容

高级中学英文语言学的核心主题可被划归为词汇学（即单词构造）及句法学两大领域中去。其中，前者包含了各种类型的后置词及其变体；而对于第二部分来说则涉及各类不同种类的字眼如：名词、描述词、替代物、修饰器、环境条件指示剂等等。这些类别并非固定不动的存在，而是会随着时间推移发生一些微妙但重要的转变，例如数量上的变动或属性上的一些调整。至于第三个方面则是关于动作行为本身的相关概念诸如有意识的行为模式或者无意间发生的行动方式也可能存在于此范围之内，另外就是那些用于辅助其他相关操作过程中的工具或是手段它们通常被称为"协助"或者是"支持"，同时也有可能是用来表达某种情感状态的方式方法比如说惊讶啊愤怒之类的情绪反应都属于这个范畴内的一部分。由于高中语法知识点繁杂且琐碎，教师在授课过程中可以持续地复习这些知识，从而增强学生的记忆。

（二）高中语法教学的目标

高中语法教育的目的在于逐步提升难度并从简单至复杂地展开。大体上可分为"知道""练习""应用"三个步骤。尽管这些步骤存在着顺序性的关联，但是并非一成不变的。换句话说，即使没有充分理解语法的意思与构造，也可能在实际交流中准确使用语法规范。不过对大部分的英文学习者而言，通过先了解后实践的方式来实现最终的学习目标是最稳妥且有效的方法。

对于大部分人来说，他们的母语语法水平已经到达了高阶标准，但是他们对系统性的母语语法理解仍然非常有限。这个现象表明，恰当地使用语法规范并不需要深入了解其背后的体系。因此，交流理论家们相信，可以从母语的学习经验中学到如何直接获取正确的语法规则，并据此提倡废除语法教育，鼓励学生通过实际对话来自发地掌握外语的语法规则，从而实现准确运用的最终目的。《英语教学环境论》这本书里提到过母语与外语的关系问题，作者强调的是两者间的相似性和差异性，以此加深对外语语言规律的认识。教师应尽可能利用正向转移，避免负面转移可能产生的消极效果，以便更好地协助学生高效快速地吸收新知识。

显然，高中英语语法教育的最终目标并非掌握语法知识本身，而是将这些知识在实际的英语应用中有效地运用。

二、高中语法教学中存在的问题

高中英语备考中的英文语法是至关重要的组成部分，同时更是建立英文基石的根本。教学语言的成功与否直接影响到学生对于语言的理解和应用能力。然而，现阶段在高中英语语法课堂上仍有许多需要改进的地方。

（一）高中语法教学的方式单调

大部分高中教师采取一种模式：首先阐述语法理论与规定，接着进行相关训练。在此过程中，学生往往被动参与学习过程。然而，令许多学生感到困惑的问题是，他们在讨论语法学习经验的时候，常常觉得似乎理解并掌握了知识，但一段时间后却发现自己对这些内容变得模糊不清，尤其是在遇到多个相似的语法问题时，他们的感受更为强烈。

（二）高中语法教学缺乏系统性

大部分的高一学生对语法知识理解模糊不清，尽管他们并非完全生疏于此领域。当被提问到有关语法的问题，例如名词、动名词、形容词等词汇，每个人都能够给出答案。然而，若进一步追问关于英语语法中的各种时态、语态等问题，则鲜有人能给出准确的回应。这表明，学生的语法认知仅停留在片段性的理解上，并未形成系统化的全局观与结构化思维。

（三）对语法缺乏敏感度

对于高中的英文测试来说，许多的考生都害怕做改正错误的部分，这是由于他们在日常学习过程中常常会犯下这样的错误，因此他们觉得这些错误都是合理的。此外，在作文题目里，很多的学生都会忽略自己文章里的语法问题，尽管反复阅读并修改了很多次，但仍然没有发现任何错误。这就表明他们的语法意识不够强，误以为只要理解了一个句子的意思就可以顺利地把它表达出来。然而，他们并没有意识到，如果仅仅依靠直觉来理解和翻译一句话，那并不足以保证其正确无误；而要确保一句子能够准确、流畅且符合语法规则，就必须具备扎实的语法基础。

（四）惧怕英语课外阅读

要掌握一种语言，必须有适当的环境。只有通过在学校的学习并在日常生活中应用，我们才有可能精通英语。然而，目前的情况是，高中生的学校课程使用英语，但在课后却用中文交流，导致学习与实践脱节。为了克服这一问题，学生们应该大量阅读英文课外的读物，提高他们的课外阅读能力，即自我营造出适合学习的环境。但是，因为大部分学生的语法基础较为薄弱，无法理解复杂且冗长的句子，因此他们对英文课外阅读感到恐惧。

三、影响高中语法教学的因素

（一）语感

理解语言的能力被称为语感，这是人类自然或者通过学习而形成的对于语言独特的直观感受，它体现出一种与语言天然相融的吸引力、复制力和运用能力，同时还具备灵活创新的力量。语感是一种潜在的学习语言能力的来源，每个个体都有这样的潜力，但其强度各异，并且能否被激发成真正的语言智慧也因人而异。作为一名高中英语教师，其中一项职责便是提供机会让学生去培养他们自身的语感技能。一旦学生的语感水平得到提升，那么他们在语法教育上的任务也会变得较为轻松些，原因在于某些特定的使用方式只有依靠学生自身领悟才能真正掌握，而不是能够轻易地解释清楚。

（二）语境

通常来说，目标语言的互动频率和时间长度对于其语法教育具有关键影响。例如，相比于中国，美国的学习环境更利于英语学习，因此进展更快。这是由于美国的使用场景更为丰富，从而使得学习过程更加顺畅。基于此，教师应在高中英语课程中增加英文对话的比例，如果有可能，可将全部英语授课作为选项，以提供更多的实践机会。此外，教师也可以创建"英语角"，使学生能在课后获得更多口语训练的机会。

（三）思维

作为一种复杂且广泛的体系，英语语法无疑是其中最具有系统的部分。对于高中的英语语法学习而言，恰当的总结和演示有助于深入理解并熟练运用各类语法规定及句式构造。一些研究者通过对比智商与学习的关系得出结论：学生们的逻辑思维能力和他们的高中英语语法成绩之间存在着显著的正向联系。因此，教师们可以在教授高中语法时利用知识点的解析和分类来提升学生的逻辑思考技能，从而促进他们对语法的学习进步。

（四）动机

对于教师而言，如何激发学生的语言兴趣至关重要，这就好比一艘无帆之舟无法航行一般，若缺乏明确的目标与动力，他们的英语水平便难以提升。而从广义上讲，这种对英文的热忱可以被归纳成两大类驱动源泉：一是以实际交流能力作为主要导向（即能否有效地用外语沟通），二是致力于深入理解其背后的文化和历史背景。虽然两者都旨在推动学生们的词汇掌握及口语表达能力的提高，但它们所关注的重点各有不同。前者的焦点在于实现有效的对话效果，而不太在意句子的准确性和流畅度问题；后者更侧重新词构造的美感及其逻辑关系等细节方面的问题。

四、高中英语语法教学模式创新

（一）新形势下高中英语语法教学应遵循原则

能够更好地应对中考英文单项选择题的改变，教师应该按照如下基本原则来进行语言教育。

第一，教师需要关注的是其时间敏感度。尽管英语语法的基本知识相对稳定，但由于新的教育改革和高考要求的影响，教师必须不断更新他们的教学材料以适应时代的变迁。在教授英语语法的过程中，应该使用那些具有强烈的时代气息、与学生的日常生活息息相关且能引起他们兴趣的实例，这样可以使他们在理解事实的前提下去学习语法。

第二，实践性。学生掌握语法的目标就是通过听、说、读、写等各种语言实际操作。在教授语法时，强调深入讲解和反复练习，使得学生能够在众多的语言实践中去寻找并理解语法规则。

第三，逐步推进。在教学过程中，应该由简到繁，掌握知识的宽度和深度，按部就班地进行，将难点分散开来，尤其是针对那些语法较为丰富或结构复杂的语法知识和考题。

（二）新形势下高中英语语法教学策略

为了适应新的高考要求，更有效地执行新的课程标准，在语法教学过程中除了保留传统教学方式的合理性和有效性之外，还需进行调整、改革以及创新。

1.语境的交际策略

教师在教学过程中不能一开始就只教授单一的语法规则，而是需要引导他们置身于使用该种特定语法的环境之中，让他们能够与实际情境相结合来理解、掌握及应用这些知识。教师的重点在于学生的学习过程本身，因此课堂上应鼓励他们的积极互动；同时教师也需设计一系列的活动以促成他们在真实的场景下体验到这种语法的使用方式及其重要意义，并在实践过程中对所学内容加深印象从而形成自己的认识体系——这样才有可能激发起同学们的求知欲望并且维持住学习的热忱度。

2.自主学习的认知策略

新教育体系下的教师需要依据学生的具体情况来调整对他们的句法教导方式。只有有效运用理解技巧并更新授课材料才有可能确保他们独立研究的学习进程顺利展开。在此自我探究的过程里,教师们应该充当指导角色以协助学生们整理与总结已学的知识点以便更有序、全面的方式把握语法规律。对于初级课堂来说可以用"观测——发觉——交流概括强化——实践使用"的方法;而针对高三的学生建议采取"整体展示——比较解析——专题清理——加强练习"的复习方法。这样可以让同学们借助执行各种课题去领会词形及规律。

自我学习的过程也能激发学生的思考,有助于他们将复习过的知识点整合并运用,从而提升语言综合应用的技巧。

3.积极乐观的情感策略

新版的高级中学全天候英文教育规范明确指出:本次的教育变革鼓励学生通过亲身经历去探索并应用所学知识;同时提倡团队协作及互动式课堂模式来完成各项挑战性的项目。这种方法旨在激发学生的热情并在他们的心智发展上做出适当调适以便提升他们的实际操作能力。因此,需要理解并且适应不同类型的语境环境(包括心理层面)并对人与人之间的沟通做出恰当回应——这是教师在教授外语时必须做的事情。鉴于此种情况,教师应该努力创造一种宽松且包容的环境,建立起健康的学生-教师的关系网络从而降低他们在接触新的学科时的紧张感或不安情绪使其更愿意投入这个领域当中享受其中乐趣以此作为进一步发展的基石。

4.语篇及融入语境的策略

在新课程改革的环境下,高考题目更倾向于测试学生的阅读理解与实际操作技能,对于语法复杂度的需求有所下降,但要求学生能熟练并有效使用语法的能力却提升了。因此,教育者不仅需要重视基本语法概念的巩固,还需要在课堂计划上具有针对性的、分层的且有选择性的内容。要紧密围绕高考主题,注重文章及其环境的融合,通过不断的实践来积累经验,汲取教训,准确无误地提供学习方法和考试策略的指引,这样才有可能培育出学生的全面英语运用技巧,调动他们的积极性,实现新的课程标准的目标。

（三）新形势下高中英语语法教学方式

对于高考英语单选题而言，其变化主要表现在结构上，这同时也符合新的课程标准要求，即注重对学生情绪、学习方法及文化理解等方面的培育。因此，教育者需要针对不同的教学群体和主题，将语法教授与提升学生的感情倾向和学习技巧相结合，并能巧妙地将其融入各类交流活动中，同时也要确保语法教学过程中的核心思想是以应用为主导，目标在于实际操作，并在整个教学过程中贯彻这一原则。

1.从学生学习语法的态度出发

掌握正确的态度对于是否能实现学业的成功至关重要。尽管高年级学生的思考模式仍在逐步成熟并逐渐优化，然而其仍较为单调且容易受到外界的影响。因此，教师需要协助学生理解英语语法在整个英语学科的重要性及其功能，以正确的心态面对考试及英语学习，培养积极向上的学习和测试心理状态，为学生提供优秀的示范，构建和谐的师生互动环境，以此来消解学生对英语学习的抗拒感。只有这样才能够激发他们的学习热情，让他们更自然地运用内在动力去认识到自身具备学习英语语法的能力。

2.从培养学生自主学习语法的能力出发

作为一门实操性的领域，若能让学生通过自身探索与理解来掌握知识点的话，那么他们的进步将会比单纯依赖教师教授的效果要好得多。在新高中的英文语法规律教导过程中，教师们应该根据学生的情绪特征去培育他们独立学习的技巧。除了需要对课本有深度的研究并引发学生们的热情外，还要设法吸引住他们的注意力和营造舒适愉快的教育氛围让他们能够处于最理想的状态下吸收新的信息。其中一项高等中学的新课改目标就是要在授课的过程中更加重视对于师生感情发展的关注度提升。目前的高中学校英文学科书籍主要采用主题式的方法展示各种资讯，涵盖的人文和社会科技等多方面的话题使得这些资料更为接近现实世界并且具有很高的实际应用价值；而在此类科目里加入一些带有个人色彩的内容也能凸显教育的深层含义。这种方式下的句型规则讲授变得愈发人性化且富有场景化，学生能在这样的环境当中获得更多的认知机会，在享受这个过程的同时建立起自信心并对自己的成果感到满意。

3.从学生的学习需要出发

语言教育应当把学生作为核心,让他们通过环境来吸收、领悟并且运用语法规则。因此,教师的授课方式绝不可以与现实脱节,而应该在真实的场景下教授语法知识,使得语法课程变得生动有趣,同时也要在创造出新的场景的过程中教导语法,这样可以使语法课更加形象易懂。对于语法结构的实践练习来说,所使用的句子应该是接近于学生的日常生活的,尽可能地避免单调乏味的机械式训练。教育工作者要深入研究学生的学识特性及学习方法,发掘他们的需求,解决问题,以此提升语法教育的质量,引导他们在真正的环境里感受语法的存在。

4.从学生的认知特点出发

对于高中生来说,他们具备较强的吸收新信息的能力和优秀的记忆力,然而却容易重复学习并遗忘所学的内容。因此,教师在教授语法时应该尽可能地简化解释,更多地展现实际案例,以便学生能够频繁接触和使用语言,从而理解和感受语言的规律,归纳出语法规则,进而增强他们的记忆。同时,教师也需营造优质的学习环境,以激发学生的主动参与度,让他们能在舒适愉快的气氛中学到知识,增强自己的能力。这需要教师在短暂时间内实现高效学习,并在课程设计上明确关键点。

5.从学生学习的最终目标出发

为了实现对学生的全面英文能力提升的目标,教师需要利用各种不同的教育手段让他们积极地参加到课堂中去达成这个目的。因此,当教授语法的时候,教师应该将其转化为和生活息息相关的学习任务比如听歌或者运动等等而非仅仅停留在理论知识或单一的形式训练上面。同时还要考虑不同层次的学生的需求,并根据他们的理解程度,调整难度及进度,保证他们能逐步深入掌握这些规则。并在实际操作过程中,发现问题进而解决问题,从而达到学习的最终效果。

第四节　高中英语听力课堂教学探索与创新

一、听力课堂教学的内容

（一）语音训练

音频训练涵盖听力、重复读等方面的训练。训练流程应从单词到句子，再到文本。对于那些可能导致听力困扰或易混淆的音频，应进行专门的训练。这样做是为了提高高中生的音频辨识技巧，并为增强他们的听力理解打下稳固的基础。

（二）听力技巧

听力技巧涵盖理解大意、细致观察、获取详细信息以及通过猜测词义等多种方式。这些技巧的训练都包含在听力教学中。在听力考试中，如果能够掌握正确的听力技巧，那么不仅可以提高效率，还能增加答题的准确性。

（三）听力理解

对于听力的提升来说，其目标在于服务于理解力。这不仅包括了语言和技能的学习，还应该借助各类活动来锻炼学生解读句段及文章的能力，从而让他们的理解从"表面"过渡至"内在"，最终达到"实际运用"阶段，这样理解深度会逐步增加。

二、高中英语听力教学现状

（一）听力教学的时间比较有限

提升高中的英文听力的效果并不能立刻实现，它必须渗透于整个高中阶段的英语教育过程中。在教授英文听力的时候，教师应该给学生提供系统性的培训和合理的引导。每个高中英语课程都包含了若干个与本课主题相符的英文听力素材以供学生练习听力技能。然而，有些教师在实际执行授课任务的过程中，往往把大量精力放在解释单词、语法及结构上，留给听力教学的时段相对较少，导致学生的英文听力能力难以取得显著进步。

（二）听力教学方式较为单一

许多高级中学的英文教师在实施英文听力教学过程中采取的方法相对单调，他们往往使用磁带或多媒体教具直接进行练习，而对于英文听力考试题目的解答却鲜少深究。当教师们注意到学生们经常犯的一些错误时，一般都会重复播放这个片段，引导学生找出正确选项。这种做法看似很有效果，但实际上只是把学习者置于被动的位置，让他们不断听取教师提供的听力资料。刚开始的时候，他们的专注力还算可以，但在经过一定时间之后，由于受到周边环境等各种因素的影响，容易分心走神，难以紧跟听力内容的节奏，进而阻碍了英文听力能力的提升。

三、传统高中英语听力教学中的问题

（一）不重视英语听力

尽管"减负"这个话题已经讨论多年，但其实际效果并不明显，反倒可能让学生的学业负担有所增加，尤其是在面临高考的高压环境之下。因此，为了快速提升英语考试的成绩，无论是学校还是教师都在采用一些短期见效的方法。这使得教育焦点无可避免地偏移至英语语法及写作领域，同时忽视了听力训练及其相关口头表达的重要性，部分学校甚至完全放弃了口语课程。然而，这种做法带来的最直接的影响便是英语学习的退步，具体表现在以下几个方面：首先，听力通常涵盖大量词汇，如果停止这项活动，那么通过该方式积累的大量词汇就会大幅度减少；其次，从听力资料中学到的写作策略能为写作带来极大助力；最后，由于缺乏接触英语文化的环境，学生无法全面了解其各个层面，这也是造成口语水平下滑的主要原因之一，形成所谓的"哑巴英语"现象。

（二）英语课程体系和设置不科学

高中的英文教育继承并深化初中阶段所学的内容水准，对听觉理解能力、口头表达技巧、书面创作技能、语言规则掌握及读写能力的提高提出更高的标准与挑战；其深度和宽度的增加使得学习的复杂性和广泛程度显著增强。三年内的中学生活需要记忆大量单词及其相关概念如科学技术信息社会事件自然环境等等内容，然而根据许多实际的教育经验显示：常常忽略这些不同主题间的联系并且未能建立起完整的知识体系结构来串联它们。此外，学校的教研部门对于这个问题的处理也有欠缺之处——他们通常会过分关注于数理化语文学科的研究小组设立工作，却很少给予外语科目足够的注意力和资源投入以支持他们的发展需求。这导致了一种现象即大部分院校过于注重其他几个领域的科研团队组建情况，从而使外教课群落到被冷漠对待的地步，而且他们在师资力量配备和人选选拔上的问题一直没有得到有效解决或改善。

（三）学习兴趣的引导软欠缺

对于许多高中生而言，英语的学习挑战很大，例如复杂的从句变换与运用、听力的数字辨识能力、具体的语境理解等等都可能成为他们难以逾越的障碍。这使得一些学生特别是理工科的学生感到英语很难学，因为这些主题的要求很高，需要大量的思考和记忆。然而，当面临如此困难的问题时，如果教师只是用一种刻板的方式教授，会让课堂变得单调无趣，那么学生们自然不会有学习的动力，长期积累下来的"知识盲区"也未能得到有效的解决。因此，为了应对高考，大部分人选择采取题海策略，从而导致了考试结果并不理想的情况出现，进而影响到他们的学习主动性和积极性。

四、听力教学模式的实践以及创新

（一）培养学生的学习兴趣，营造良好的语言学习环境

对于任何一种语言而言，尤其是像英语这样的一门外语，其学习是否成功很大程度上取决于学生是否能够积极地投入其中并不断累积知识。通过扎实掌握基础知识，再结合持续不断的实践应用，最终实现质变式的飞跃进步。第一步就是要激发学生的学习热情，而这正是最佳的教育方法之一。为此，教师应该选择合适的难度梯度来设计听力练习内容，以此逐渐增强学生的自信心和兴趣。同时，也应向学生提供更多的英文影视作品供他们观看，并在课间或课后放映一些英文歌舞片段，让学生更深入地体验英语的美妙之

处，从而提升他们的听力和口语技能。此外，教师还需增加同学生的互动频率，借助科技手段创建优质的语言学习氛围。除了课堂授课外，也要充分利用业余时间，例如组织英语俱乐部活动、推介优秀的英文读物和电影等，这些都可进一步优化学生的学习环境。另外，教师也应尽量使用英文讲解课程，或者开展英语戏剧演出，这对训练学生的听力理解能力和纠正发音都有很好的效果，同时也提高了他们的口头表达技巧，进而全面提升学生的英语综合素养。

（二）加强模仿训练，注意技巧和方法

对于高中的英语听说技能培训而言，强化学生仿效实践是非常重要的环节之一。不仅要通过耳闻目睹的方式去学好这门外语，而且还需借助朗读写作与口头表达等手段共同参与到这个进程当中才行。教师必须利用各种感知器官一起投入于这项任务之中才能取得更好的成效。大量模拟演练能使声音更纯正；或者说做些有趣的声音表演也是不错的选项——这样一来既可提高口语表现力又能让课堂变得生动活泼起来！教师讲课时应特别关注那些易懂或近似的意思词汇并加深他们的印象以便他们更好地领会所教内容及体验其中的乐趣所在！当然了，"复制"式的教育方式确实有助于增强同学们的语音识别能力和整体上的英语素养。所以教师在日常的说课活动中就应该注重引入相应的说话策略并且灵活应用各类授课模式，比如：可以先给学生介绍一下相关主题的信息或是抛出几个引人入胜的话题让他们边聆听录音资料的同时一边思索着回答这些问题，另外也可以挑选几篇有关的文章供大家速览，从而掌握住关键点，然后进一步培养学生从文字里获取信息的本领。

（三）"浸入式"教学模式

浸泡式的教育方式是使用二外来教授知识的一种方法，它提供了一个以该种外语为主导的环境供人们表达情感与观点等方面的问题；在此情境之下，学生可以更高效地学习这门新技能。对于英文聆听教育的实施者来说，首先需要掌握学生的整体状况并激起他们聆听英文的好奇感及参与度——唯有当他们的热情被点燃后，才有可能构建出后续学习的坚实基石。为了实现这一目标，教师应尽可能多地采用全英文讲授的方式并在每节课都给孩子们带来更多关于听取的内容体验：通过举办各类英语相关的活动，或设立专门的外部教室，以便孩子能频繁接收到纯正且流利的发音信息，比如收听由母语人士播报的有字幕的影片，或者欣赏一些带有歌词，或是朗诵内容的音频资料等等，以此让他们感受到探索这个领域的无尽魅力，并且增强他们在口语交际上的信心。

（四）"任务型"教学模式

作为一项基于目标语言的学习行为，"任务"是一种学者获取信息与解读信息的过程或者交流的行为。通过采用这种方法开展听力教学课程可以明确学习的方向及进程并达到预期的效果。而其中包括了三个步骤，即"听之前""聆听过程中"，"听取之后"，这些环节旨在引导学生更好地掌握所需的信息并在实际操作中学会运用它们。

（五）"多元化的课堂"教学模式

学生应掌握四个独立但又相互关联的能力：倾听、说话、阅读和写作。它们在实际应用的过程中往往会交织融合，互为补充，彼此依赖。单一能力的提升绝非仅靠单独且片面的练习就能实现。对于听力技巧的学习应采取多元化的策略，如主要侧重于听取信息、同时兼顾口语表达、混合运用听力和朗读材料、并把听写和实践操作相结合。在教育环境里，教师可以通过多种方式来提高学生的这些能力和素养，比如"听说课程"（Listening and speaking）或者"听力与阅读"（Listening and reading）等等。这种多样性的授课模式不仅能激发学生对英语学习的热情，也能全面地培养他们的各项语言技能。

第一，当教师在教授词汇的时候，会引导学生跟随音频朗读单词；一旦他们能够理解和记忆这个词语，教师就会再次播放其发音，让他们识别出对应的中文翻译。第二，当教师开始讲授语法规则时，会先通过音频向学生展示相关句型，然后再由他们口头复述，以此作为例证来解析其中包含的语法元素。这样做的目的是把听力训练整合到英语课程中，而不是将其孤立开来，以便于全面提高他们的听力技能。

（六）帮助学生树立英语思维，突破文化背景限制

如何克服语言障碍并提升对英文学术理解能力，主要的挑战在于跨文化

的差异导致了中文式的思考模式影响到学者的外语习得过程——这不仅仅局限于听力和口语技能上，而是渗透到了所有阶段的教育中去。因此，要解决问题必须追溯其根本原因所在，即转变学者们的思想观念、增强他们运用母语之外的其他语言的能力（如英语）来形成清晰而连贯的推理思路及表达观点的方式方法；通过多种途径实现这一目标，包括但不限于课堂教育时使用全然不同的第二种语言作为讲授媒介，让学生能够全身心投入其中，鼓励学生阅读优秀的外文著作或观看相关电影作品并且模仿朗读语音技巧，不断实践探索直至掌握自学的主动权等等措施，都可以有效地打破传统的中西交流壁垒，进而增加学生对外部世界了解的机会，以此促进自身综合素质全面发展。

（七）拓宽训练角度，增强实践体验

利用各种方式来增加听力材料的范围和深度，扩展听力练习的领域，这对于提高学生的听力技能并加深他们的学习经验是很有益处的。教师需要指导学生在实际操作过程中去享受语言的美妙，逐步塑造学生的语感，以此实现用听力推动说话、阅读和写作的能力全面发展。

概括来说，全面掌握英文需要从各个方面入手：聆听和说话能力应并驾齐驱；阅读理解能力和写作技巧也同样重要且密不可分。尽管这些技能被划分成了独立的部分来教授，但它们的连贯性和完整度不容忽视。因此，教师应该把提高学生的听说水平看作整个语言学习的组成部分之一，通过创新的方式方法使学生更积极主动参与到这个过程中去。具体实施时，教师们需寻找合适的音频资源以丰富课程内容，同时充分运用现代科技手段提升授课效果及效率。

第五节 高中英语口语课堂教学探索与创新

一、英语口语教学的现状以及问题

（一）知识重要但能力不足，注重书面表述而忽视口头表达的思维模式已经根深蒂固

在英文教育过程中，听力及口语的教育一直被忽视并滞后于阅读写作的学习。因为各种等级的测试并未包含口头表达部分或者未将其纳入总体评分，很多教师对语言交流的重要性不够重视，过于关注词汇结构和语法规则的教授和训练，也有一些学生只注重笔试的成绩，觉得书面理解才是关键所在，而不太在意言语沟通的能力。因此，教师们不知不觉间削弱了对话教育的地位，同时，学生们也会表现出一种漠视甚至抵触的行为。

（二）教师对自身的口语能力缺乏信心

大部分中学教师都是通过师范学院的英语专业毕业的。当他们在踏出校园时，通常对于自己的口头表达技能充满自信，并热衷于在学校中开展口头教育任务。然而，随着时间流逝和考核的压力，他们的口头交流技巧逐步减弱，最终导致无法有效地主持社交互动活动，或者选择随意讨论预备好的话题，使教室变为"独白式"讲台，让口头授课沦落成听力学习。

（三）学生在英语口语表达上有心理困扰

作为知识吸收的主导力量，学生的参与程度直接影响着教育成果。当他们的投入增加时，教育的互动环节会变得更加生动有趣，相反地，如果他们消极对待，那么整个过程可能会显得枯燥乏味。尤其是在面对面的语言交流中，只有让学生积极参与进来，才能够为他们提供实际应用英语的机会，从而提升他们的英语表达能力。然而，因为口语沟通具有其独特性（如即时的、非正式的、易变且可能出现错误），这使得一些学生对学习口语产生了

恐惧：有些害怕犯错的学生选择不去尝试；还有些人则是因为害羞而不敢张嘴说话，担心被嘲笑或受到指责，因此宁愿保持沉默或者完全避免对话。这些担忧往往会导致他们在口语上的表现不如预期，并且常常呈现出一种负相关的关系，也就是随着紧张感的增强，他们的口语技能反而下降了。

（四）仍需创设良好的英语口语学习环境

构建良好的语言环境对于提升英语口头表达能力具有显著效果。然而在中国，除了英语授课外，高中生鲜有机会自发地使用英语。因此，他们在学校学到的口语技巧一旦脱离课堂就变得毫无价值。这种现状从某种程度上限制了他们口语能力的进步。另外，大班化教育模式也不利于口语学习。目前高中的平均班级人数通常为五十到六十名学生，这使得教师在教授口语时面临巨大的挑战。在一堂有限的英语课里，很难确保每位同学都能获得充分的口语练习时间，这也阻碍了口语教育的进一步发展。

（五）口语教学方法太过滞后

在过去的数年中，口语教育过于侧重发音训练。首先，学生投入大量的精力去掌握音标、朗读词汇并记忆文章；然后，他们花费更多的时间来提升他们的发音技巧及调整语调。有些学生甚至会通过听录音带的方式来模仿标准的英文对话。然而，这些努力并未带来实际的效果，因为他们在使用英语时仍然无法流畅且清晰地传达自己的想法。另外，一些教师过度重视口语的精确度而忽略了内容的深度和含义。一旦发现错误就立即更正，导致学生不断重复练习固定的语法结构，这反而加剧了他们的紧张情绪，使得他们对于口头语言的学习逐渐失去热情。最后，教师们在设计口头语言课程活动中常常缺乏科学性和多样性，活动的内容较为单一，未能充分体现出口头语言教育的知识性与娱乐性的融合特性，这也是影响口头语言教育效果的重要原因之一。

面对诸多难题的限制，口语教育正遭受严重威胁。为了让更多的学生有机会表达自己，培养他们的自信心并增强他们说话的能力，教师需要确保他们能作为主导者参与到对话中来。这对于所有教师来说是一个亟待解决的关键问题。因此，英语教师应该根据新颖的教育观念去调整口语教育的策略。只有这样，才有可能推动课堂活动的创新设计，优化课程结构设置，提升口语教学效果及改进口语教学方式。

二、英语口语教学的创新方法

（一）创境教学法

英语学习的最终目的就是交流，而交流发生在一定的情境中，因此英语学习需要一定的情境才能有更好的效果。口语本身就是一种交际活动，教师创造一定的情境对学生练习口语非常有帮助。因此，教师在英语口语教学中采用情境教学法。角色表演和配音活动是两种有效的情境创设方式，这里重点介绍配音活动。

在口语教育过程中，配音是一项有效的方法，可以帮助学生提升他们的口头表达技巧。在进行配音教学时，教师需要注意两个关键点。

1.如何选择配音影片

教师不能只根据自己的喜好盲目选择配音影片，而应结合学生的兴趣、语言水平以及影片质量等进行选择，具体来说，教师需要注意以下几点。

首先，电影中的语言表达需要清晰明了，速度也要适宜，这样才能被学生们轻松地吸收和模仿。有些电影虽然很优秀，但是角色说话语速过快，对英语水平要求较高，学生在配音时很难跟上，这就很容易打击他们的积极性。所以，在挑选影片时，教师需要充分考虑学生的英语能力，尽可能地选择情节简单且发音清晰的影片供学生配音。

其次，电影的语言信息含量要丰富。有些电影尤其是动作片，虽然很好看，学生也很喜欢，但是这类电影往往语言信息较少，甚至充满暴力，因此不适合进行配音工作。

然后，电影最好配有英语字幕，有中英双字幕更好。如果没有字幕，教师可以要求学生提前将台词背下来，如果学生对电影情节比较熟悉，也可以不背。

最后，影片内容要尽量贴近生活。由于影片大多和人们的真实生活很贴近，语言也贴近生活，因此配起音来相对容易些，同时能让学生体会学习英语的实用性，促进他们产生学习英语的内在动机，主动练习口语。

从实践来看，一些既有中国文化元素，情节又轻松幽默，语言也十分简单清晰的影片，如MuLan（《花木兰》），KungFuPanda（《功夫熊猫》）等是较好的选择。

2.如何实施配音活动

配音活动大致按照以下几个步骤实施。

首先，教师会选择一部电影的片段，让学生重复听原声对白。在这个过程中，学生可以通过教师的讲解来学习其中一些比较难的语言技巧。

其次，学生再听两遍原声，在这一过程中，学生要尽量记住影片里的台词。

然后，教师会将电影设置为静音，并安排学生进行模拟配音，这是配音活动的关键环节。

最后，教师对学生的配音表演进行评价，需要注意的是教师要多表扬和鼓励学生，并适时指出学生的错误，督促他们改正。

（二）任务教学法

建构主义是任务教学法的理论基石，它主张学生在掌握课本知识时，必须通过自我理解来更有效地学习。建构主义理论注重教师和学生之间的互动，并注重在互动过程中激发学生的主观能动性。而发挥主观能动性的过程就是任务完成的过程。在口语教学中，教师口语采用任务教学法，按照课前、课中、课后的阶段展开各种教学活动。

1.课前

英语教学在正式开始前也要展开课前活动，这样才能更顺利地进行课堂教学。尤其是口语教学中，课前热身活动是十分重要的。课前热身时间不必太长，5~10分钟都是可以的，热身的重点在于使学生充分使用口语，提前进入学习状态，防止在课堂正式开始时因精力不集中而降低学习效率。对于课前热身活动，以下几点是需要教师格外注意的。

其一，课堂时间毕竟是有限的，因此教师一定要把控课前热身活动的时间，如果课前热身花费的时间过长，就会直接导致课堂教学时间被压缩，甚至可能导致完不成教学任务。

其二，课前热身实际上是一个活跃气氛，以便为正式课堂教学营造一个良好的氛围。然而，教师需警惕，如果学生过于活跃，他们的注意力将难以在课堂上集中，最后可能会产生相反的效果。因此，从这个角度来说，课前热身活动也不宜过久。

其三，既然课前热身活动不宜太长，因此在任务的设置上要注意难易程度。教师可以选择英语播报新闻、情景还原、短剧等方式开展相关的课前任务。

2.课中

任务课程法的核心就是课堂任务阶段。在这个过程中，教师需要为学生设定各种具体的目标，通过完成每一项任务，学生可以提升自己相应的技能。建构主义理论认为，学生在互动中可以获得更好的学习体验，因此教师要注意加强师生之间以及学生之间的交流。对此，教师可以对学生进行分组，并制定相关任务。这样，学生一方面可以有效完成任务，另一方面在任务完成的过程中可以与他人进行交流，从而提高口语使用的频率和口语能力。

此外，要想切实提高学生口语水平，学生必须克服不敢开口的问题，大胆开口说英语。实际上，学生之所以不敢开口，很大一部分原因也是怕说错，怕说得多错得多。所以，教师需要充分利用自己的主导地位，主动创造出各种各样的学习环境，并激励学生勇敢地用英文表达自己。对于那些轻微的语言规则失误，无须过于苛刻，以避免削弱他们的热情。当学生犯了错误时，教师应该采取包容的态度，通过指导来激发他们去修正。

在课堂任务阶段还有一点不容忽视，即学生在完成相应的任务后，教师要进行及时总结和点评，并为学生以后的学习提供适当指导，从而促使师生间的交流达到更高水平。

3.课后

课后任务阶段也是任务教学法的重要环节。换句话说，教师需要实时记录各个小组的任务完成情况，并对每位学生的表现进行评估，发现他们存在的问题。接着分配相应的练习，以帮助学生加强知识理解和掌握，提高口语运用的熟练程度。

第六节　高中英语阅读课堂教学探索与创新

一、英语阅读教学的现状分析

现状的高中英语阅读教学可以通过两个角度进行探讨：

1.就教育者而言，他们往往深受传统的语法教导所影响，因此他们在教授阅读时更倾向于关注语言各个方面的问题，主要集中在词语和句子的解析上，相对忽略了对于学生阅读能力的提升。此外，受限于课程时间的限制，教师们在阅读教学过程中未能充分解读文本架构及作者目的，这使得他们的语篇教学有所欠缺。通常情况下，阅读教学采取的是三阶段模式，但这种方式并未深度发掘授课内容，从而使学生无法达到对阅读材料深刻理解的目的。

2.从学生的视角来说，他们觉得阅读材料过于冗长，对自我效能感的认知不足，阅读过程中存在一些盲目和随意的情况，无法全面掌握和改变阅读技巧，并且还有一些不好的阅读习惯，这使得阅读学习面临较大的挑战。

二、高中英语阅读教学中存在的问题

（一）教学模式存在问题

尽管我们国家各地区享有的教育教学条件并不均衡且改革步伐参差不齐，但这并未阻止我们在推动新的课程体系上取得进展。然而，因地制宜的问题在于不同的区域可能拥有差异化的教师与设施配置，因此其对教育的实际影响也会有所区别；尤其是在英文读写能力提升这个领域中出现了两大挑战：一方面是部分地区的学校仍沿用较为古老的方式来教授外语（即灌输式的授课方式）——这种情况下往往由教师们主导讲授内容并期望学生们能够机械记忆词汇及规则等知识而非理解吸收这些信息从而掌握语言技能本身的能力；另一方面则是教师采用更为科学有效的手段去传道授业解惑，以期能更好地适应时代的需求，进而实现高质量高水平的外语课堂建设目标。

（二）学生没有良好的阅读习惯

与其他科目相比，英语对学生的语感需求较高。然而，部分学生并未能在日常的学习中形成优秀的英语学习模式，这使得他们的语感较差。当他们在执行阅读练习的时候，往往不能按时完成阅读任务。这种现象的原因主要包括两方面：首先，他们缺乏足够的语言技能；其次，这是由于他们未能建立起有效的阅读行为。此外，阅读行为的培养很大程度上取决于教育过程中的指导。为了确保答题效果，教师必须针对各类问题采用相应的阅读方法，例如，可以采取深度或广度阅读的方式来处理各种文本和试题。

（三）忽略学生的主体地位

在传统的英文阅读教育中，教师通常主导了课程内容，而学生则处于被动接受状态，这使得他们无法激发对学习的热情，进而影响到他们的上课质量和教学成果。因此，学生应成为教师的核心部分，教师需要在他们的学习历程中充当指导员的角色，唯有解决难题才能有效提高学生的学习动力与自主性。在英文阅读教育的实践中，教师们会教导学生如何解析句子的语法构造，接着以一种单向的方式把大量语法信息传授给学生。然而，忽略了学生的理解力和吸收力，同时也缺乏对整个英文文本的全面掌握。这样的方法并不符合新的改革要求，也达不到预期目的。

此外，部分英文教师长时间采用单一的教导方式，并未对不同学生实施个性化的教育策略，导致了英语阅读教育的僵化，这对于大部分的学生而言并不理想。在英文授课中，最重要的是激发学生的求知热情，使他们自发地去学好英语，而被动地接受式学习往往难以达到预期成果。

三、对高中英语阅读教学方法的改革具有关键性

在常规的高级中学英文授课环境里，教师通常直接教授学生基本概念，并期望他们在回答阅读题目时遵循特定的流程。尽管这样的方式有助于总体提升学生的答题速度与准确度，但这并未显著激发他们的学习潜力。长期下来，学生只学会了一些机械化的解题技巧，而无法真正运用课堂所学的理论知识来解决问题。这可能导致他们面对高考时的阅读题型感到困惑，从而影响学习质量。为改善这一状况，教师需要对高级中学的英文阅读课程进行有

效的变革，让每一个学生都能依据自己的英文水平去解答阅读题目。同时，也应该重视教师的角色，让他们能够以一种符合学生需求的方式进行教学。新的标准呼吁教师们更加关注学生的创造力和实践技能的发展。因此，对高中的英文课程进行调整体现了教师致力于全面培育优秀人才的态度，这也确保了目前的高中教育能更好地适应这些新的标准。

四、高中英语阅读教学方法的优化和创新

（一）归纳语法知识点，掌握语法规律

为了增强学生的英文读解能力与准确度，教师应于高中的英文阅读课程启动前，给他们打下坚实的根基，整理出一系列语法要点并构建完整的知识框架，这样当他们在回答阅读题目的时候，能够依据他们的英文语法基础知识来解题，并在授课过程中指导他们如何有效梳理解题方法，比如告诉他们哪些动作是无法直接接上"that"从句的，以此拓展他们的思考范围，如允许或拒绝等，需要注意的是，提供的示例数量不宜过多，两三个足矣，关键在于要激发学生的独立思考能力，让他们能按照自己的英文基础去自学。同时，也鼓励他们在解决问题的过程当中，把阅读文段所涵盖的知识点及其评估标准记录下来，完成整套试题后，再把这些汇总的知识点写入一个小册子内，这有利于培养更为牢固的英文基础。

（二）加强师资队伍建设

为确保学生能于高中的英文课程中学会完整的英文阅读思考方式并熟练运用各种阅读技能，教师的素质至关重要。高校必须强化教育团队的力量，可以通过校内的训练项目来提升每位教师的教育能力以满足当代社会对于人才培育的需求，同时也可以安排本校教师去别的学校参观、学习别人的优秀且高效的教学方法与策略。此外，不仅要持续增强高等教育的教师教育教学的能力，也应设立适当的奖励或处罚机制激励他们的工作热情，让他们能够针对目前的高等英语阅读课情况做出有效改良，比如定期检查授课班组的情况并对教师的教学成果及效率做全方位评定，从而促进他们教学能力的显著提升。

（三）采取多种手段调动学生阅读的积极性

为了适应学生的多样化需求，英语教师需要设计个性化的教导方法，并摆脱传统的教育理念，借助现代科技来提升他们的阅读技能。他们应该激发学生的学习热情，让他们自主探索英文知识，以此增强他们的阅读技巧。在实施阅读培训的过程中，团队协作是一个有效的教育策略，它能推动学生更深入地投入英文学习之中。作为一名教师，应当努力创造真实的场景环境，引导学生组成小队，用这种形式去解读和理解课文内容，发现关键问题，最后一起探讨解决方案。让各个小组互相配合、分享各自的心得体会，这样可以找到自身的不足之处，进而提升英文阅读水平。

（四）让学生意识到英语阅读的重要性

因为缺乏个人经验以及认识能力较弱，许多学生并未充分了解英语阅读的重要意义。所以，针对这一问题，教师需要以学生的需求为基础来设计高中的英语阅读课程。比如，要有耐心地引导他们解决他们在阅读过程中遇到的问题，让他们感受到了教师的关心后，会更愿意参与到英文阅读活动中去。此外，为了提高课堂的有趣度，可以挑选一些如《傲慢与偏见》《爱玛》这样的经典英文小说片段，通过生动的图片展示或短视频的形式让学生更容易理解这些内容，以此提升他们的兴趣和动力。

在现行的高中英语教学环境下，教师需要持续优化教学方法和模式，以学生当前的阅读能力和需求为基础，进行有针对性的教学，以增强高中阅读教学课程的效果。

第七节　高中英语写作课堂教学探索与创新

一、在中学英语写作教学过程中存在的现象

（一）教师方面

当前，在英文写作教学实践中，教师面临一些挑战。他们使用的教导理

念有局限性，没有充分理解学生的写作学习的主动角色；此外，他们在教授写作策略和技巧时不够标准化，这使得学生难以正确地运用这些技巧，从而对他们的基本技能建设造成负面影响，进而降低了他们在英文写作上的效果和品质。

（二）学生方面

学生的英文写作技能及具体行为方式是他们英语学习的效率和品质的重要决定因素。他们在面对英文写作时往往感到困难，这是由于他们的学习环境较为单调且乏味，这使得他们无法产生对写作练习的热情，同时也会限制了他们的自我创造力和原创力。所以，为了解决当前在写作领域中出现的教学和学习的问题，教师必须重视这些问题，了解学生在写作方面的实际需求，并在教学方法和策略上做出有效的改进。

二、新课程标准下高中英语写作教学模式创新

新的课程标准强调要尊重学生作为教育的核心角色，使他们可以热情洋溢并积极投入到学习的全过程。同时，教师需要全面理解自己的指导和协助职责，从而有效激发他们的自主意识，保证他们在探索型的学习氛围中提升英文写作技巧，推动教学方式的革新。

（一）活化课堂情境，调动学生主观能动

莎士比亚曾言："兴趣是最优秀的导师"。因此，在英文创作教育的进程中，教师需要把重点放到激发学生的自我驱动力上，并通过激活课堂环境，使他们自发地融入学习过程中。为了实现这一目标，可以采取以下三步走策略：第一，鼓励学生在提供的英文材料中自行拟定题目；第二，要求每位同学提交和课程主题相关联的英文资料，然后从中提炼归纳出新的理解路径，让他们可以用英文阐述自己的看法；第三，可以通过阅读和写作相结合的方式，引导学生形成写作思路。例如，以人教社版第三单元"The Portrait of a Nation"为例，可指导学生利用其中的关键词语如"geography, history, climate"等挖掘它们间的联系，从而启发他们的思考并进行写作实践。

（二）加强合作学习，发挥相互促进作用

学习效能和环境互动进程存在一定联系，因此教师可以在英文写作课程中创造协作的学习氛围，设定统一的目标，鼓励学生们团队式地互相沟通、探究来提升他们的英文写作能力。实践操作中，教师应把学生划分为合适的群体，并分配每个小组成员的责任，保证所有人都积极投入于协作学习当中。然后，教师对各组进行总评价，以便引导他们建立更全面的英文写作框架。例如，在教导人教版第一册中的单元十四——介绍各种节日时，根据学生的组合情况提出"日期、如何庆祝、地点、意义"等主题问题，让学生用英文探讨节日的内容及寓意，并在相互配合下写出文章，从而吸取优点，纠正思考系统的偏颇或缺失。

（三）构建评估系统，建立反思式学习方法

当学生完成了他们的英文写作后，教师应利用多轮审查和修正的方法来纠正他们文章中的不足之处，从而推动他们英语知识结构的优化。第一步是使用自我评估和互相评审的方式，引导他们在自己修订的基础上，同班上的其他同学一起进行互评，然后由教师做最后的总评。针对一些具体问题，如词汇用法等，需要立即解释给学生听，这样既能节省上课的时间又能让他们有更多机会去反省自己的作品，从主题完整度、细节处理、语法准确性和文本流畅性等多方面找出自己在英语写作方面的缺陷。比如，对于人教版一年级上册第三单元"Hiking的乐趣"这个任务，可以要求学生在写完作文后再把各类错误归纳整理出来，以便系统地思考如何改进提升自己的英语写作能力。

总而言之，对于如何引导高中学生投入英语学习的实践当中，教育工作者必须以写作部分为基础来制订合理的计划，深入研究当前在写作教学过程中所遇到的挑战，同时对实际的教育方式做出革新，强化有效的教导技巧，推动教育教学理念的积极变革，重视写作练习，并且适度地融入文化知识的学习，以此全方位提升学生的英文写作技能。

第三章 核心素养与英语课堂教学策略运用

第一节 英语学科核心素养

一、高中英语学科核心素养的内涵表现

英语学科的核心素养则包括了语言技能、文化认知、思维品格以及学习力四个方面。

在社交场景中，理解并传达个人意愿、情绪与价值观念是通过对听力、口语、阅读、写作及翻译等方面的掌握实现的。主要方式为通过聆听、对话、阅读、书写和翻译的学习或参与各种多元化的实践活动以提升这些技能。在英文教育过程中，教师需要重点关注学生的听力、口头交流、阅读、写作和翻译技巧，同时激励他们增强英语的多维度应用体验，以此提高他们的语言使用能力和英语沟通技巧。

在全球化的环境中，教师需要提升学生的文化认知和接纳多元文化的能力。这意味着教师必须在教学过程中塑造他们的跨文化交流观念，使他们能从不同的角度去观察并欣赏各种文化特色，拥有出色的文化辨识技巧，同时也能尊重各国的文化多样性，寻求共同点的同时也保持各自的特点，最终形成具有深厚文化底蕴、并对社会承担重大责任的学生群体。

对于学习者来说，他们的思考质量包括了他们在处理各类问题时的逻辑性、评估性和创新力等方面的能力及水准。因此，这需要教育工作者能在教学过程中融合对思维素质提高的培训和锻炼，尤其是在英文课程的学习环境里。具体而言，教师希望学生能通过阅读理解、对比研究、深入剖析和演绎来增强他们的问题解决技巧，同时也能引导他们去反省、质询并评定语言文

化中的种种现象，以此来培育和深化他们的批评式思考技能。

　　学生的表现需要他们依据自身的学业状况，适时更改他们的学习方式与技巧，以一种积极的态度应对他们在求知过程中所面临的所有挑战，并具备坚定的决心持续不断地钻研文化知识，以此来增强自我各方面的技能。这意味着教育工作者必须激励学生对英文知识及英文现象有全方位且精确的理解，协助他们设定清晰的长短期学习目标，主动参与英文实践活动，并利用高效的独立学习和团队协作，提升英文的学习深度和应用程度。

　　英语教育领域的关键素质由四大元素构成，它们之间的互动和推动形成了一个完整的系统。其中，语言技能作为关键的基础因素，其价值观念导向的问题则是由文化意识所决定；而思维质量为心理健康的维护提供了必要保证；学习能力的提升和进步也是必要的支持条件。因此，这些元素彼此关联且无法分割，形成了一个紧密相连的有机结构。

二、培养高中英语学科核心素养的价值

（一）有助于培养学生的综合语言运用能力

　　作为关键的能力之一，综合语言使用技能对学生来说至关重要，它能满足学生对个人未来生活及社会需求的需求。这种训练方式因其与时俱进而备受重视，已成为当今英语教育的主要目标之一。在英语课上，教师可以通过提供实际语境中的素材来创建现实的问题和任务，并鼓励学生之间的互动、沟通、协作和探索等方式，以提高他们的亲身经历和参与度。这样一来，他们在处理困难或者学习压力较大的情况下，会保持积极思考和主动学习的心理状态，从而提升他们的综合语言应用能力和技巧。此外，这样的教学方法也有助于塑造学生的积极情绪和态度，增强他们的学习能力等素质。

（二）有助于高效提升学生的人文素养

　　一个人的文化修养是由其从各种文化和活动中学到的价值观决定的，这是一种思维方式上的转变，使得个体能以正确的视角理解不同文化的价值观，并对它们做出评估和欣赏。这种能力对于个体的思考模式、情绪反应、心理状态及"三观"都有深远的影响。而语言作为承载文化的媒介，尤其是英语这个代表了西方英语社会的民族文化的载体，包含了社会实践和生活经

验、历史背景、民俗风情、价值取向、思辨源头等多种元素。所以，如果教师能在教授英语的过程中揭示出隐藏于其中的文化底蕴，引导学生深度感受这些内容，就能提升他们的文化修养，同时也能传播全球文化，推进文化创新，确保世界文明之间的交融互通。因为英语既具有工具性的特点，又有人文性质，强调学生的文化修养实际上就是彰显了英语这一学科的核心特性，同时也让英语教育重新回到了培养人才的教育本真上。

（三）能够提升学生的思考层次，并且培育他们批判性思维的技巧。

自1996年"思辨能力"一词被首次提及以来，到1998年"思辨缺席症"的研究出现，许多研究者开始深层次地探究中国英语教育中的批判思考能力的本质与基础理论，并创建出多样的批判性能力模式。同时，也有人提出了训练学生思考技巧的方式，并且通过强化英语学科的核心素质也可以有效提高他们的思辨水平。

（四）能够培养学生的自主学习能力

"教是为了不教"这句话反映了自主学习能力的内涵。当这一观念逐渐渗透到英语教育中时，英语课程的学习方式产生了显著的变化：由传统的以教师为中心的授课方法转向让教师的领导力逐渐减弱的英语课上。学生的积极参与再次成为主导，而教师则从教室的主宰和决定者角色转变成引领学生独立学习的指导者，这有助于提升他们的英语学科的核心素质并增强他们出色的自学能力和自我监督技巧。

三、培养学生英语学科核心素养的建议

（一）打破传统的教学模式，培养学生的英语学科核心素养

在教育活动中，教师需要勇于挑战传统的教育方法，依据每个孩子的学习习惯来个性化地教授知识，并为教材内容量身定制合适的教学方案。在实际操作时，应该采取线上与线下的多元融合式的教学策略，以增强英文课程的授课品质及成效，同时培育孩子们的英文基本能力，推动他们的综合素质进步，确保他们全方位的发展。

（二）英语教师应该增强自己的学习技能、信息技能和科学技能

对于教育工作者来说，他们需要具备一定的学识、技巧、策略和心态来完成课程的研究工作。这由三部分组成：知识基础、问题意识及创新精神，它们共同构成了一个立体的框架，并在实际的教育实践中起到了关键作用。信息技术水平指的是能快速而准确地从大量数据中挑选出有用的信息，然后对其进行创意性的整理和运用到课堂上的能力；科学素质则涵盖了以下几个层面：基础知识、探索过程和方式，以及科学感情。优秀的科学素质可以为教师提供一种寻找问题的敏锐眼光，让他们在整个教学过程中都能以科学严谨的精神去对待，并且一直怀揣着对教育的热忱。

第二节　高中英语听力核心素养的培养策略与实施

一、听力理解的特点

作为所有语言能力的基础部分，听力是最关键的能力之一。为了掌握一门语言需要大量能理解的信息输入，而这主要依赖于聆听这个过程。然而，许多人面临着听力理解能力的不足问题，原因在于其独特的特性。首先，它是通过声音传递信息的，包括无规律的间断、丰富的发音变化及各种口音等等，要想准确理解听到的东西，听众须先具备识别这些声音信号的能力；其次，听力是一种直接且实时的过程，与阅读相比，后者允许读者多次浏览未完全理解的文章，又如写作和说话，作者和发言者可以通过替代词句来传达他们的意思。但对于听力而言，它是一段连续的声音流动，听众需要紧跟或者放缓语音节奏以立即领会他们所听到的信息。此外，在真实的交流环境下，也没有机会回放并重复听取无法理解的部分，更不能把声音暂停下来以便重新审视。

这两个特性导致了听力理解的挑战性。因此，在英语教学过程中，教师应对听力教学给予足够的关注，深入理解听力理解的流程和本质，详细研究听力理解的方式，最大化听力理解在英语学习中的重要影响。

二、听力理解的具体过程

对声音的理解是个相当繁复的过程，其包含众多元素如语言思考方式、认识论、文化和心理学等等。这个过程可以被分为几个阶段：是对发声词组的区分；是确定词汇的意思；是解读整体意义；依据语法规则来解释句子及情景；利用记忆力去存储听到的信息；并通过已有背景知识来进一步解析听力材料。每个环节都相互关联且互有影响，后续环节往往基于之前环节的结果而产生，反之亦然。详细说来，第一步即为分辨声音，这涵盖了对不同语音、口音和音色等的鉴别。一般而言，那些在此方面表现较弱的人可能会面临很大的挑战。即使他们掌握了一些听力技巧，也无法显著提升他们的理解精确度。因此，如果想要增强听力理解的能力，对声音的分辨力的培训是非常关键的。只有具备一定程度的声音分辨能力，才能敏锐迅速地从音频中提取出语音组合，抓住某些片段，并且借助学过的语法知识，就能理解句子和场景。此时，已经获得了部分句子的含义。接下来，所有的听到的东西需要在脑海中停留一段时间，然后再与现有知识相结合，以便更深入地理解听力内容。一般来说，储存的信息越多，听力理解能力就会越好。

三、听力理解的实质

一般观点上，听力理解被视为是接受由耳朵接收到的信息的一种被动行为，然而根据其具体实施步骤来看，应该将其视作是一种积极且主动的建构含义的行为。在此过程中，聆听者会有目的地利用各类技巧与资源来解读并解析他们所听到的话语，同时借助他们的知识体系去关联、评估及形成新的认知，以达到对听力信息的全面理解。因此可以把听力理解看作成一种具有主观性的动态活动，并且这个理解过程的关键元素不仅包括语言方面的知识，还包含了非语言类的知识。比如，听力材料中涉及的一些词句结构、语义关系或语篇逻辑就可归为语言类知识；而对于听力主题的认识程度、对英文文化的掌握情况、对语境的适应能力以及个人情绪状态等等都应算入非语言类知识范畴内。由此可见，听力理解实际上是指聆听者通过综合应用各类知识和技能，如分析、预测、调整和创新等方式，对所听内容做出反应的过程。

四、听力理解的基本模式

两种主要的听力理解模式是从基础到高级和从高级到低级。

（一）从小到大模式

"从小到大"模式是指自识别出首个音位起始（即最小的语音单元可区分含义），然后逐步过渡至词汇组合、惯用表达方式，进而深入了解短语、语法框架，最后到达整体语篇层次以实现对其表层含义的全面理解。在此基础上，根据实际情况进一步深化理解。因此，该模式视听力理解为一系列相互关联的步骤构成，每个步骤都紧密相连，之前的理解成果作为后续理解的基础。此种方法对于熟悉主题的内容较为适用，但若遇到陌生文章结构或信息时，使用这种方法可能导致困惑。

（二）从大到小模式

所有的文字都为解读提供了明确的路径，它们引导着聆听者或者阅读者如何运用现存的知识与技巧来重新构筑含义。"从大到小"的方法正是基于这种特质，通过激活读者的现有背景信息，让他们能够预先判断、猜测并联系思考听力内容的过程。

对于初级、中级及高级的听力理解过程，主要可以概括为三个步骤：首先，听众需唤醒与其听力素材相关联的背景信息并预估其大致走向；其次，依据先前的预期，他们应有所筛选地听取音频资料，同时运用一定的语言技巧以实现基础性的理解，在此期间，听众会持续调整他们的前瞻判断；并且逐渐丰富它们的预测内容；最后，当完整的语音呈现出来时，借助文字含义的基础认知，再加上语境和已有知识体系的支持，听众就能逐层揭示讲话人的真实目的或领悟到听力内容的主题思想了。因此，此种由宏观到微观的方法强调的是听力素材的意义构造而非详尽的语言分析。在这个过程中，关键在于听众是否能有效应用与听力素材关联的背景信息。

鉴于从小到大模式和从大到小模式各有其优劣，因此如果听众想要准确地理解文本的含义，他们在听力过程中应该结合这两种模式的长处，灵活运用。

一般情况下，初级的学习者更偏向于采用从大到小这种方式，他们的焦点主要放在对语言结构的解读与理解上面。然而，对于具有较高英语水平的听众而言，他们会选择结合自身的背景信息和所听内容，利用从大到小的方法去完成听力任务。当遇到与自己知识体系差距较大的听力素材时，他们同样可能会采取从小到大的策略，通过逐个词汇、短语再到整篇文章的形式来获取新的知识。因此，无论是在应用从小到大或从大到小的方法，或者决定主导何种模式，关键取决于两个重要的影响因素：一是听者的英文语言技能程度；二是其相关的背景知识积累量。

简而言之，听力了解的全面性十分重要。对于英文教师和学习者来说，只有不断提升英文基础技能，深入掌握语音、词汇、语法以及篇章知识，并且持续扩大知识领域，增加关于英美国家文化的了解，才可能真正提高他们的听力水平。

五、听力核心素质的培养策略

（一）利用多种高效的听力教育手段，以增强学生的语言表达技巧

学生的关键能力和重要构成要素之一就是他们的语言理解力。为了提升这种理解力的质量，必须强化听觉学习的重要性。在课程设计上，教师应该深入了解核心能力的本质及其含义，探索所有能促进学生全面成长的教育方法，并巧妙融入这些核心能力到教学过程中，使教室环境能够充分发挥出素质教育的实际作用。在高中的英语课里，教师应尽全力把学生的语言技能和核心能力融合在一起，创造一种积极的学习气氛，利用高效的教学策略来组织多样的教学活动，激发他们用英语思考和表达想法的需求，从而达到培育学生核心能力的目标。例如 "…should have" 对于 "done sth." 这种句型的教学，可以通过具体案例来解析其隐藏的否定意义，例如："we should have worked hard" 实际上意味着"我们的努力程度还有待提升"。在此听力练习环节，主要聚焦于对对话中的英文句子和句式的理解，包括教师读诵、观摩听力影片、聆听音频资料等各种方式，以此有针对性地增强学生的听力技能，营造多样的听力环境，从而显著提升他们的语言表达技巧。

（二）推行各种形式的听力互动活动，以提升学生的英语学习水平

优化学生的教育品质对于促进其核心能力的进步至关重要。只有当他们

的学习品质得到了改善，他们才有可能自发地提升自己的核心能力并进一步发展其他方面的技能与知识。这样一来，他们在学习过程中的积极性和独立思考的能力会随之增加，进而更深入地探索学习的规律，最终有效地提高他们的学习效果。在教授高中英语时，需要特别关注听力教学活动中如何有针对性地培育学生的核心能力，防止无序化的行为发生。教师要仔细研究关键的语言点，鼓励学生多次聆听和阅读这些部分，通过不断重复地的学习、练习和加强来理解和记忆大量英文词汇，以此全面提升他们的英语听力技巧。例如，为了帮助学生更好地理解however，but这类表示转折意义的关键词，教师可以把单个短句组合成完整的段落，指导学生将所听到的话串联在一起，以便于理解整个听力文章的主旨，同时也能提升他们的听力水平，确保教学任务能够圆满达成。

（三）设计各种听力问题的场景，以此来提升学生的思维素质

塑造学生核心能力的发展历程是逐步累积并转变的，教育者需要坚定地执行提升学生核心能力的科学方法，深耕于问题的构建环境，确保学生思维质量与核心能力之间的密切关联，充分利用他们的独特创造力，帮助他们更有效地理解学科内容。在高中的英文听力课程中，教师会针对性地设计各种问题场景，以此吸引学生关注听力部分，强化其逻辑思维的能力，进而让他们能在倾听的过程中自我探索和思考，最终解决问题。例如"The length of time spent by the gentleman at the inn? A.8 days B.7 days C.6 days"，若仅将其视为普通的听力练习则相对简单，只需学生能听到数字便可做出正确选择，然而回答这个问题还需考虑文章背景，融合到当时的环境中，找准合适的选项。通过多种形式的听力问题场景的学习，学生能够获得学习的成功体验，增强学习热情，这为核心能力的培养提供了更有力的支持。

（四）高中英语教师要转变教学观念

传统的高级中学英文授课过程中，大部分高级学校中文教师采用大量练习的方式来教授学生的聆听技巧。但是经过长时间的研究发现，单纯地通过大量的重复并不会有效增强学生的语言技能，而且仅依赖于此种方法也难以改善他们在考试时的表现情况。这进一步证明了一点：单凭反复听取及锻炼这一固定策略不足以为高年级的学生提供有效的音频处理能力和分数上的进

步。因此教师需要重新审视教导思维并且适应新的课程改革的要求去调整它。首先是要摒弃那种只看重高考制度下的考评标准的教育观；其次就是要更加重视对于外语学习的声音感知的学习习惯、扩大他们的学科领域范围以便更好地掌握英国、美国等说英语的国家的历史、文化、背景信息等内容，这些都能够极大地推动在口语测验上取得更好的效果。此外也应该注意到全面发展的重要性，即在享受乐趣的过程中获取成功，而不是一味追求高分，从而忽略掉其他方面的综合素养的发展。所以作为一名优秀的高中教师一定要兼顾好学业评价和个人发展的关系以此为基础不断优化英语课堂效率。

（五）课堂教学模式的优化

在教授英语课程时，除了向学生解释课本内容之外，教师还需要深入研究并扩展他们的英语知识领域，以强调他们在听力学习的进程中所起到的关键作用。为了创造出积极且富有活力的课堂气氛，教师可以选择某节课来鼓励学生用英语自由地交谈，让他们各自阐述自己观点，从而打造一个"英语角"的环境，这样既能提升他们的口头沟通能力，又能让他们意识到英语听力的重要性及不可或缺之处。试想一下，如果没有理解对方的言语，怎么可能有效的对话？因此，在英语授课过程中，应尽可能多地运用英语去解说，全英式的课堂模式有助于把学生置于英语的实际应用场景下，这对于培养其适应英语表达大有益处，同时也有助于增强他们对英语听力的熟练程度，这种类型的英语课堂无疑会大大提高他们的听力练习效果。

（六）提升学生英语听力训练的心理素质

听力练习是一个持续的过程，它要求我们不断地锻炼语言学习的能力。这对初学者来说可能会有一定的挑战，因为一部分人可能会感到害怕或者恐惧这种训练方式。因此，作为一名高中的英语教师，要密切观察学生的听觉练习情况并关心他们的心理健康状况，定期做心理评价以确保他们能始终保持积极的学习心态。同时，也应该尽力去缓解他们在英语听力的过程中所面临的困扰，激励他们继续努力，并对取得进展的同学予以赞扬，而对于那些一直没有明显提高的学生则要提供个性化的教育辅导。

以核心素养为指导的理念赋予了高中英语听力的教导新的目标，使高中英语教师能以此来改革并推动其进步。在实际操作过程中，高中英语教师需要持续刷新自己的教育思维，增强自身的专长与素质，成为学生的楷模。在高中英语听力教育的实施阶段，应注重培育学生的多种才能，利用各种不同的教学方法，协助他们掌握英语听力技巧，从而显著提升他们的听力表现及听力水平。

六、核心素养思想下高中英语听力教学的实施及意义

"听英语"是学生掌握和理解英文的关键因素之一，它构成了他们有效运用这门外语的基本要素。可以发现，无论是在学任何一门新语言时，聆听都是必经的一个重要阶段。事实上，研究显示：对于所有的学科来说，其50%左右的交流能力都依赖于我们的耳朵去接收信息的能力。但是现实情况却并非如此理想——很多高年级的学生们都在为提高他们的英语听说水平而苦恼不已；原因在于这些非本国人的孩子们的第一种官方用语就是中文而不是英式或美式英语（尽管他们在学校里所学的也是这种）因此当面对大量的新的词汇及语法规则的时候，孩子们的大脑必须快速反应并做出正确的判断以避免混淆与误解的发生。这也是为什么说提升学生的口语表达能力和阅读写作技巧成为众多教育工作者的首项任务。

（一）加强听力的认知

"聆听"与"交谈"常常出现在我们的日常对话之中。对于学英语来说，理解并运用好这两项基本技巧——"听"与"讲"——至关重要，这是决定你能否持续练习并且每天提升你的语言能力的因素之一。然而，在过去的高中英语课程里，虽然教师会教授学生如何提高他们的英语听力水平，但是这个环节往往会被忽视。不过，从教育的角度来看，听力训练是一个相当复杂的过程，它涉及接收的信息要能够正确理解并对之做出反应的能力，这种能力并不是短期内就能轻易掌握的。原因在于，首先要能听到正确的词汇发音；然后还要了解句子的结构；接着才有可能领悟出其真正的含义。任何一步出现了偏差，都可能造成错误的理解。因此，增强高中生的英语听力就是为了锻炼他们在接收信息时对其进行剖析和解释的能力，进而提升他们的语言表达能力。

（二）促进高中英语听力的提升

在前一阶段的新高考试点前夕，主要以书面形式呈现的高等学校入学试（即笔考）占据着试卷分数的主要比例；而对于传统中学教育的英文课程而言，听力的地位并不突出。然而近些年来，伴随着新的教科书改革方案及高等学校的评分体系进行了重大变革后，大学录取测验中的英文学术能力已发生了显著的变化。自20世纪80年代初以来首次引入并被列入高校招生综合评价标准之内的"听说读写"四种技能之一——"说"，这一变化表明：高等院校正在逐渐强调学生们的语言交际能力和实际应用水平的重要性与紧迫感日益增强。这进一步证明未来中小学的教育过程中，"口语练习将会是重要的学习内容的一部分"；同时提高学生的外语交流技巧也将变成一种必然的发展方向。

（三）高考英语听力的核心素养需求

对于小初中段的学习者来说，英文听说能力的提升并不困难；其所面临的考试情境通常与现实生活中的情况相符且合乎常理，因此并无故意设置高挑战性的试题出现。然而当进入到高中阶段后，这种趋势开始发生变化：虽然仍旧保持着接近生活的语境及话题设定，但是整体上的复杂度有所增加——这使得许多已经接受过长时期专门化语言培训的学生仍然感到困惑不已。尤其是在那些教育资源较为匮乏或者传统根深蒂固的地方，这种提问的必要性更是不可忽略。而在高等教育的层次里，发现这些问题变得更为突出——因为它不仅考验考生们瞬间记住关键信息的速度还有他们的解读能力和预判技巧（包括他们能否从文本当中捕捉出隐含的关键点）此外还要考察他们在面对有关西方文化的知识时的应变力（如是否能正确地解释某些特定的风土人情等）；而这一切都是为了检测候选人的综合素质水平及其应对不同类型的提问所需具备的基本技能。总而言之，无论是哪个层级的高校入学测验都会以一种非常直接的方式来评估你的阅读、聆听反应力和分析判断思维模式等等方面的表现。

简言之，学生的关键能力发展并非一日之功，需要全体教育工作者包括研究者与教授们全情投入这一领域的学习和探索之中，以提高课程实施的效果。在高中的英语听力学习过程中，教师应将重点放到如何通过实际操作来培育学生的关键素质上，持续改进并优化听力课的教法和策略，使其更能反映出英语听力的精髓，进而推动构建更加优秀的高中英语听力环境。

第三节 高中英语口语核心素养的培养策略与实施

一、英语口语学习的理论基础

教育理论中包括了活动理论与非正式学习理论，这两种理论都是针对中国目前的核心素质提升而构建出的完善框架。它们重视对学生的全面能力的培育，其教学观念与核心素质概念相一致，并特别关注于课堂外的有价值的学习过程。

（一）活动理论

维果茨基首次提出了活动理论，他阐明了活动是影响学生知识技能吸收的核心要素。活动作为活动系统分析的基础元素，主要由主体、集体工具和规则等组成部分构成。

第一，教育过程中学生作为主要角色参与其中，这是教学设计实施的关键部分。基于活动的理念强调在教学行动启动前，对于学生的认识水平与知识、技巧、情绪和价值观念等方面特质的研究，并根据对学生的学习能力和技术了解深度来设定合理的教育目的和方法，以保证教学过程的高效运行。

第二，需要理解的是，"客体"主要描述了学生在参与教学过程时预期达到的学习目的。尽管大多数的活动目标设定都遵循相似的原则，然而它们也应依据学生的个体特征来制定。因此，在执行过程中，对于活动目标的精确解析和合理规划至关重要，这有助于保证它们的顺利实施。

第三，共同体是指那些与学生共同参加学习过程的其他人员，例如教师和教务工作者。他们主要通过协作和互动等方法来提升学生的团队合作能力和表达技巧。

第四，教学工具主要涵盖了教学设备和真实的教学环境等各种活动元素。目前，网络科技和真实的学习环境对于推进学习行为起着重要的作用。

第五，规则在调整活动参与者和受众关系中起着重要作用。在进行活动时，学生必须遵循活动的基本准则，明确自我在活动中的角色，以此推动活动朝着标准化的方向发展。

因为各自的职责有所差异，各参与方往往会在执行过程中承担各种角色的责任。例如，教育工作者和管理员主要负责创建并监管活动；而学生则作为活动的参与者积极投入其中。基于他们的特定职责，他们会分别履行相应的工作以达成自己的目的，从而有助于整体活动的顺利推进。

观察到的是，在学生的自主参与下，他们能够构建出知识的含义。这意味着，借助个人和物件之间的互动，从实践中学到的知识会增加。在这个过程中，学习者基于他们的现有知识储备，利用自己的行动去触摸并操作实物的实际行为，以此获取有关该物品的具体信息并在大脑内持续地做着解析及整合的工作，最终形成了一种关于该物体及其动作的学习经验。相较于其他的学法，此方法更贴近学习者的学习喜好和内心的需求，容易引发其对学习的主导意识，展现了学习者的积极主动精神和创新能力，并且常常伴随有学习者深厚的情感投入和战胜挑战的精神努力。

这个过程是通过学生积极参与的学习任务、探究与实践来达成并执行的，这有助于构建深层次且全面的认知理解，同时也让学生感受到成功的喜悦和快乐的心情。因为这些活动具备"双重转化特性"，外部实物（如教学资料）可以通过学生的行动转化为内在经验，而他们的主观经验（包含情绪感受、心理功能等等）也可以反过来被转变成行为态度、运动模式及技巧等方面，从而影响和调整活动的目标，进一步地也能够影响和调节他们自己。

此外，活动的流程能够更为直观地展示出知识点的发展历程，通过重新演绎或复述这些知识点的生成方式，这不但有助于学生的深度思考，也有助于他们建立对于复杂概念的深入理解，同时还能挖掘并掌握那些深藏在知识体系中的人类智力，也就是我们的价值观念、行为准则和认知技能等等。

活动理论的各种外部活动规划和它所重视的教育活动计划等方面，都为基于核心素质的高级中学英语口头交流课程外的学习活动的策划和实施提供了牢固的理论支持。高中英语口语课程外的学习活动中，教师应关注学生的认知能力和基础知识等重要元素。比如，他们可以通过满足学生的学习需要和实际情况，设定合适的活动目标，然后以团队协作的方式推进英语口语课程外的学习活动。此外，在高中的英语口语课程外的学习活动中，教师们必须主动使用互联网科技工具，创建科学有效的活动流程和评估系统，并且恰当地应用数据统计方法，对学生的学习成果进行数据分析，以便对活动的内容、方式等活动要素进行优化或改革，保证活动的有效性。

（二）非正式学习理论

没有明确的学习计划的非正式学习，主要是指在非正式环境下，学生进行的经验性或者偶然性的学习。非正式学习大致具备以下几个基本特征：

1.学习时间的随意性

一般来说，非正式学习是指学生在日常生活中自由利用零散时间进行的学习行为。这类学习可能发生在课后或者在餐厅用餐的空档等，具有零碎化的特性。

2.学习地点的偶然性

通常，非正式的学习并不会有固定的地点或场所，主要是在非正式的环境中进行，比如上下班的公交车、咖啡馆等。

3.学习方式的多样化

网络技术的飞速进步为非正式学习提供了多样化的途径。学生们不再受限于课堂上单一的听讲方式，他们可以通过各类移动设备与其他人交流学习问题，从而实现自我学习和全面能力提升的目标。

4.知识来源的多渠道化

相较于传统的教室授课方式，非正式学习所涵盖的知识种类更为丰富，且来源更多样化。非正式学习主要强调教师需通过协作和互动等多元化手段推动学习进程，从而提升学生的交际能力。

5.学习环境的协作性

学习者在日常生活中主要是通过人际交往或者与环境的互动，来获取所需的知识和技能，从而提升自己的全面素质。

6.学习方式的自主性

学生可以根据自身的学习需求，自由选择是否进行非正式学习。在这个过程中，学生处于主导地位，并对自己的学习情况进行有效监控和评估，目标是加强自己的知识储备，提升解决问题的技巧。

在非正式学习中，学生作为主要的学习参与者，以积极的态度去探寻知识，这有助于他们的全人格与素养的发展提升。同时，在这个过程当中，学生的精神状态更为轻松自在，他们在的环境也更多元且有个性色彩，社交互动则强调合作沟通，遇到的问题充满创意空间，评估标准也是多样的。处于这种情境下，能够更好地激发出学生的潜力并增强他们的创造力。

正式学习主要关注学科的教育内容，这有助于学生深入理解并完整把握相关知识点。尤其是在那些具有良好体系化的技巧领域的教学中效果尤为显著。而另一方面，通过非正式的方式获取的信息及学识则能拓宽学生的眼界并且提升他们的综合能力。因此，这种类型的培训的主要作用是促进价值观塑造、道德准绳建立和个人科技修养等方面的培养，以此来填补常规教育的空白部分。同时，由于我们处于信息化社会阶段，线上线下资源不断扩大且各类小型便携式设备持续更新换代，这也导致了我们的学习方法变得更为多元化。不仅如此，我们可以利用这些新的工具去突破时间地点上的束缚，实现在任何地方都能自主求知的能力；构建出一种全天候式的自学模式，让"处处可学的"这一概念得以实践。

基于非正式学习的理念不仅仅为其中的高阶技能的英文口头表达课程外的自学行为的设计提供了一个稳固的基础，同时也对该类教学实践及优化起到了一些参考意义。总的说起来，高中的高级语言能力（competence）的外部自习被视为是一种主要以自主方式展开的活动，这属于非正式学习的一个重要环节。所以当教师在规划与制订关于这些能力的课堂之外的教育内容的时候，需要考虑到那些强调多样化的学法及其相关的内容元素等特性。

二、高中英语口语学习活动中的核心素养培养的策略设计

高中阶段的英语教学旨在提高学生的语言和学习技巧、文化和思考素质等多项关键能力。要实现这一目标，教师必须通过对活动的主题、方式、参与者和评估等方面来制订相应的策略，从而有效地促进学生提高他们的英语交流能力和口头表达水平，培养他们更高的英语沟通智慧和社交素质，并最终达成这些目标。

（一）注重活动主题的社交性，加强学生的文化认知

英文教学在高中的教育阶段即具有实用价值又有人文关怀，强调学生对

于语言掌握的学习方法和实际运用能力。其主要特点在于提高学生的全面操作技巧。所以，为了实现这一目的，教师需要设计出符合活动的具体目标并紧密结合学生的日常生活和社会环境的活动，使他们能在其中感受到英文教育的现实意义，并在实际行动中利用所学的英文知识，从而提升他们的文化和道德修养，强化他们的语言整体实力。

1.注重跨学科知识的整合

英语教学在高中的重要职责是推动学生的人文素质全方位提升，这包括了对他们的文化和思考品质的发展，同时也需要他们掌握和提高语言能力及其学习技巧。因此，教师应该避免仅关注于加强或加深英语的基础知识和技术，而是应当融合其他的科目信息，这样可以让那些基本功较差的同学通过跨学科的学习来激发学习的兴趣并提升其整体素质。

教师需要强化学生对于英语口头表达能力的培养，并将其融入其他的科目知识当中，鼓励他们在现实生活中主动运用这些知识，以更深入理解社会的状况及文化的内涵，从而提高他们的语言实操能力。例如，可以扩大英语口语学习的范围，比如聆听西洋古典乐曲或观看英文字幕演出等等，以此增加语言实践活动的多样性和深度，进一步推动学生去掌握跨科目的知识。

教师可以创建社交性的教学主题，让学生们只在真实的、社会的场景下才有可能提升他们的语言应用技巧。例如，教师们可以通过指导学生访问英文学习平台来实现这个目标，这些站点包含了各种学科的英文议题，学生可以选择他们感兴趣的内容并按照自己的需求和个性和他人互动，这样能有效地促进学生的文化理解力和提高他们的英语沟通技巧。

此外，教师可以将各个学科的知识融合并创作成教学课件和视频，然后上传到班级微信群中。这种方式能够帮助学生增强英语口语的知识和技巧，提高他们的语言学习和实践能力。

2.加强英语网络资源的运用

高中英语口语的课外学习活动主题会直接决定学生是否积极参与，这也会影响他们综合实践技能的提升。

当教师为高中的英语口语课程设定额外的学习任务时，他们需要考虑每个学生可以利用多媒体工具的直接性和便捷性以获取大量信息。这些工具能有效地提高学生的自我管理能力，同时也能推动他们的听力和口头技巧的发展。首先，教师可以通过推荐学生们使用各种手机应用来激发他们的学习兴趣和动力，从而满足各个层次英语能力的需要，使他们在语言学习的广度上有所突破，更愿意投入实际操作中去，进一步提高自己的英语能力和社交技巧。其次，教师也可以通过指导学生访问英文在线教育平台，让他们有机会向教师或者同学提问关于学习问题，这样不仅拓宽了他们的知识面，也有助于他们更好地掌握英语表达方式。

（二）强调活动方式的多样性，以增进学生的语言技能

活动的多样性和灵活性是构建高中英语口语课外学习的关键元素，这有助于加强并扩展学生的英语口语基础知识和技能，提升他们的独立学习能力和全面技能。

1.实践性活动，增强学生的语言运用技能

教育领域强调的核心素质观念鼓励教师们积极开展社交实践项目，以增强学生的自主学习动力并提高他们的整体实践技巧，同时也能加强他们对问题解决与处理的能力。这些实际操作的项目给学生提供了一个语言应用的机会和途径，有助于激发他们的学习热情，塑造其人文品质，进而提升他们在语言方面的全面能力。教师会设计各种形式的语言练习和实践机会，使学生能在真实的日常生活场景下体验到多元文化和知识，从而进一步提升他们的文化修养。利用互联网工具，融合多领域的知识，可以扩大和充实英语学习的实践空间。比如，口头交流能力的训练课程、团队协作获取有关语言的信息的活动、戏剧演出等各类舞台表现类的教学方式，都是为了推动学生全方位的发展。

教师可以依据学生的需要来策划日常生活的教学内容，这样他们才有可能通过这种方式培养出他们的整体操作技巧。这样的生活式语言环境不仅仅会增强学生们的自主学习能力，同时也会加深他们对于社会的文化和知识的认识，从而进一步巩固其文化的认知和品质。学生的英文教育无法脱离教师创造的真实语言场景，传统的教育模式往往是由教师主导，缺少真实性与有趣性的语言背景。这些活动都是以学生为核心，引领他们在各种多姿多彩的活动中体验到语言的美妙之处，逐步地增加他们在现实生活中使用语言的能力，并以此提升自己的语言全面素质。

2.通过合作活动，增强学生的语言应用能力。

协作性的活动有助于学生在交流过程中对团队中遇到的问题或困扰进行相互讨论，提升学生的表达能力和综合实践技巧。

当教师策划互动式的学习项目时，他们应关注活动的参与者之间的沟通和协同工作以保证项目的实施效果。这类互动式的教学方式具备一些弹性且开放的特点，它鼓励学生采用分组合作的方法收集信息并讨论遇到的问题，以此高效地达成学习目标，这也间接提升了他们的团队协作和语言表达能力。这种小组形式的活动要求学生们根据英语口头学习的主题展开合作，共同研究解决问题的方法，进一步提高他们的言语表达技巧。

然而，在建立团队合作过程中，教育者必须依据每个孩子的个性和学识特性，把有独特学习风格的孩子分派至不同的团体里，这样可以使他们互相补充不足之处，从而提高他们的全面素质。此种形式的教育方式不仅有助于提高学生的口语和社交技巧，还能加深对团队精神的理解并增强协同工作的能力。当师生一起工作时，应以学生为核心，鼓励他们发表自己对于问题的见解，以便推动全体同学的互动参与，进一步培养他们的独立思维能力和协作技巧。此外，教师还可以积极地创建伙伴式英语演出、英语俱乐部或英文歌曲小队等活动，这些活动可以让同学们自由组合，通过协作达成目标，这对锻炼他们的口语表达能力非常有益，同时也有助于活动的成功实施。

3.通过自主活动，提升学生的语言实践能力。

自主活动强调学生在其中的核心角色。在策划活动时，教师需要以学生为重点，通过活动的内容和形式等方面来提升学生的独立学习和语言技巧，从而增强学生的英语基本能力。

各式各样的学生在高中的四项英语核心素质的发展上有所差异。部分同学具备较强的语言应用技巧但逻辑思考力稍显不足，因此教育者在规划英语口语的外部教学活动中应注意到每个学生在这四方面的成长特性及优势与劣势，并依据他们的个人特色去制定难度有别、种类多样且着眼点的课程计划，以便适应那些有着独特性格的学生的需求。例如，教师可以针对学生的学习状况做深入研究后，主动创建自我导向的活动，比如模拟对话或配音等等，这样能提升学生学习的独立性，同时也能促进他们全面性的实践技巧的培养。当教师策划这类自我导向活动的主题时，应该从满足各类英语核心素质等级的学生的学习需求入手，创造丰富多样的英语口头表达学习素材，指导学生按照自己的真实水准选择资料和调节学习速度，这种方式能在某种程度上加强全方位的实践技术。

对高中的学生而言，他们在英文口语的学习上仍有不足，独立执行英语口语课后学习的主动性较低，他们急需教师给予更多的实际操作指导，所以教师可以通过言语或者书面的方式，向学生详细说明活动的流程与基础规范，推动学生热情投入英语口语课后学习活动中去，这样能从一定程度上有助于提高学生的英文表达能力和自学技巧。

4.参与竞赛性活动，可以提升学生的语言沟通技巧。

竞赛性活动融入了学生的积极乐观和争先恐后的心理特征，能够在寻找问题的过程中，激发他们主动思考并学习理智分析问题，提升他们的逻辑推理和批判性思维技巧。

教师通过提供多种多样的竞技式学习环境，能有效地激发学生的积极参与和提升其语言技巧。例如，可以组织英文朗诵大赛、争辩赛、英语演说赛事或歌曲演唱比拼等活动，以此来提升学生运用英语的能力；又或是采用自我探索的学习模式，引导学生模拟同一篇课文的音频，比较谁的语音、语调更出色，这样才能让学生主导整个过程，并有助于巩固他们的技能知识，同时也能推动他们在语言表达能力上的进步。

（三）重视活动参与者的互动性，提升学生的学习技能

在进行高中英语口语课外学习活动时，教师应该重视参与者的互动性，强化学生与教师、学校以及家长之间的即时沟通和交流，以此来提升学生的交际技巧和语言综合能力。

1.深化学生的课外合作意识

作为高中英语口语课外学习的核心，学生与伙伴的协同和互动水平的高低直接影响到活动的成功与否。教师加强对学生课外协作意识的培养，在一定程度上有助于提升学生的表达能力和综合实践技巧。

教师和学生间的对话互动对于增强他们的语言表达能力至关重要。作为一名英语口语活动的指导者，教师需要密切关注并掌握学生的学习进展，鼓励他们以科学且合理的策略应对遇到的困难。这种做法有助于提高他们的言

语技巧，同时也能改善他们的思考方式。通过深入挖掘英语的核心主题，教师可以为口语探索式学习提供有效的路径。一旦确定了相关的关键议题，教师应该进一步分解成多个小问题，以便激发学生主动参加口语探讨的活动，让他们从自己的角度去理解这些问题。此外，教师还需适时推动学生讨论有关口语学习的各种问题，从而促进他们的学习进步。

教师基于主要疑问点指导学生进行独立研究与团队协作任务，同时利用团队协作方式推动学生的口头交流能力提升，这有助于增强同学间的互动关系，提高他们的自学积极性。组内成员互相借鉴、共享经验，能进一步巩固他们在英语口语课程外的学习成果，加强他们自我学习的技巧。接着，教师会创建场景模拟的教学活动，比如把关键的语言概念转化为一段简短的故事情节，从而激发学生的表现力和学习潜力。

2.加强教师对于构建移动学习社群的认识。

主体之间的交流和互动影响着高中英语口语课外学习活动的有效进行。教师需要充分利用移动互联网的交互性特征，创建真实的移动学习社区，增强参与者之间的交流和沟通。

伴随着诸如智能手机和平板电脑上的应用程序（例如社交媒体平台）的大量普及与发展，教育工作者需要有效地采用这些工具来改善教学资料的使用效率并且创建在线沟通途径以推动基于移动学习的社群活动的发展。所谓的"移动式的学习社区"，指的是借助各种便携式的电子产品比如平板或者手持通信终端而构成的一个由学生或教师组成的关系网结构，旨在促成他们的协作性和求知欲之间的联系纽带。比如说，教师们可以借助于微信群组或是QQ小组的形式去组织课堂内的线上对话；他们也可以用这种形式引导同学们对一些热门的社会问题展开深入探讨；同时还可以采取多种多样的方法像问答题竞赛或者是公开演讲等方式让同学们的声音得以传递出来——如此一来，这个群体里的每个个体都能够针对某个特定的议题开展深度的研究工作并对自己的观点提出疑问甚至反驳意见等等一系列的活动都是有可能发生的！这样的做法不仅有助于提高学生们对于语言表述能力和谈判技能方面的理解水平也能进一步增强他们在团队中发挥作用的能力

引领移动学习的团队成员通常由专业的教育工作者和领域内的权威人士担任。活动的策划与执行人员需要持续提升自己的全面能力，构建合理且有效的

活动准则和评价体系，实时监控学生的学习表现，并能够指导他们主动地自我审视和互相评审，以激发他们的学习热情，增加学习社群互动程度。

（四）注重活动评估的多样性，提高学生的思维素质

对于高中英语口头表达的课外学习活动评定应遵循评估主导和多样化内容的准则，由教师、学生和父母作为主要评估对象，通过对参与课堂外的积极程度、理解力、思考能力和其他方面的综合考虑来全面衡量他们的英语口头交流课外学习的实力，这样可以提升他们实际运用语言的能力。

1.坚持活动评价主体的多元化

在评估高中英语口语课外学习活动时，教师应该重视学生的主导地位，鼓励他们积极自我反思。同时，也需要激发他们的伙伴和家长等人参与到这些评估活动中来，以实现对评估主体多元化的理解。

对于高中英语口语课程的课后实践活动中的一环——活动评价，其重要性不容忽视。在构建高中英语口语活动的评价系统中，教师需要引导学生培养自我评价的能力并增强他们对此的责任感。同时，基于核心素质教育的观点，教师主张主要采用协作学习的模式来开展教学，所以在执行高中英语口语课堂后的实践活动评估任务时，可以利用同伴和师生的相互评审方式，让他们共同参与到对活动评价标准的讨论当中去，从而找出他们在学习上的缺陷。

对于高中的英文口头表达课程来说，其外显学习的核心是协作和竞技的任务。这些任务要求学生展示他们的创新思考能力，并且鼓励他们互相评审彼此的学习成果。这样做的目的是让他们能够从相互评论中找出别人在学习过程中可能存在的缺陷，从而加深他们对此类问题理解的能力，进一步增强他们的主导地位，提高他们的整体实践技巧。此外，教师也应该主动指导父母们去评估孩子的学习表现。随着学习进程的发展，越来越多的家长们开始重视孩子们的学习成绩了，然而单凭一位教师的力量很难实时全面地评估每一个学生的情况，因此教师必须积极推动父母们加入这个评估活动中来，以便能更快速、准确地了解孩子们在口头表达学习上的进展状况。

2.坚持活动评价标准的多样化

对于高中英语口语课程的外部学习活动的评定，教师应采用多种形式的

标准来衡量，以确保公正的同时，最大程度地提高学生参与活动时的满足感和自我学习的主动能力。而这些外部学习活动中所使用的评价标准的有效性和适当性，则与学生对此类活动的主观喜好和他们自身的思考质量息息相关。

首先，教师可以通过活动的数据采集方式利用学生的活动行动记录表格追踪他们在课程中学习的状况。例如，他们是否有动力积极参加英文口头表达训练？他们的热情度怎样呢？他们在课堂外的语言交流实践过程中展现出的思考逻辑与敏捷程度又是怎样的等。这些记载能全面反映出学生活动中学到的知识点及其成果，让教师们更深入地理解了同学们的教学体验并评估设计的效果，推动同学们根据自己在练习环节上的缺陷去自我反省进而提高自己的外语沟通能力和思想素质的目标得以达成。

其次，教师也可以采用同学间的评估方法来检测学生的口头语言学习的成效，这并不意味着只看成绩，而是在活动中观察和衡量他们所展现的思考能力和言语技巧作为评分依据。这样的考核方式能使学生意识到积极参加活动的价值所在，增强他们的全面操作能力，符合教学目标的要求。

3.注重活动评价手段的多元化

新颖的核心素养观念赋予了高中英语口头表达课程外的学习活动评判方法以全新的生命力。教师需要融合总结性的和持续性的评价模式，并借助电子的学习资料包来衡量学生的交流能力和综合实践技巧。高中英语口头表达课程外的学习活动的评定标准是否恰当，对于激发学生参与活动的热情及准确理解自己的英文能力至关重要。

首先，教师需要全面运用互联网的各种工具，例如创建在线学习资料库、日记文档、数据库等等，以追踪并记录学生的学习历程与成就。同时，他们也会详细地记下师生之间或同学之间的讨论效果，并将所有信息转化为数字化的形式以便于视觉上的解析。这样一来，就能有效地展现出学生们掌握知识和技巧的方式及其最终的结果，有助于教师们更深入理解他们的线上学习状况，进而推动他们在学习过程中发现的问题加以改进，最后达到提高他们的英语交流能力和整体素质的目标。

其次，教师也可以让学生和其他参与活动的个体成为评估的主要对象，并根据他们的积极表达方式（如讨论）、他们在实际操作环境中的学识表现及思考问题的方式来评判其解决问题的能力和学习的热情；同时也会关注到这些人在推动团队整体进步方面做出的努力及其影响力大小等因素作为衡量标准，从而制定出相应的评分准则用于最终考核环节中使用。这种做法有助于实现多元的评审人员与标准的设定，有效地利用网络教学平台上的互动式测评手段提升了教育的质量效果，使受教的学生能更清晰认识自身的长处或不足之处的同时也能更好地理解自己在社交技巧方面的掌握程度如何。

第四节　高中英语阅读核心素养的培养策略与实施

一、英语阅读培养策略和实施

所有的技巧都需要经过培育与锻炼，这同样适用于英语的学习。唯有持续协助学生提升他们的阅读能力，才能让他们更自觉地运用这项技巧于英语学习过程中，进而助力自我提高对英语这个语言的掌握程度。接下来，我会就以下几点来讨论如何塑造并强化学生的阅读能力。

（一）抓住习惯，从头开始

对于学生的阅读行为，教师必须投入时间与精力以建立和维护其良好习惯。确实，小学生的阅读能力普遍优于初中生，这主要归功于他们在初始阶段就受到了教师的悉心教导。然而，当步入高中后，许多学生的阅读习惯变得糟糕或者完全丧失，这是什么原因呢？对朗读习惯的教育应当自高一就开始实施，并且要从小学生的语音学入手。通过掌握正确的发音技巧，可以消除学生在朗诵过程中因词汇读音错误而产生的困扰。一旦具备了基本的发音基础，接下来就要教授学生如何在诵读长文时，依据语法结构进行适当的停顿。最终目标是要引领学生理解并运用恰如其分的语调变化，使文章的层次感和深度得以充分体现，从而为读者带来更好的体验。

（二）氛围形成，同伴合作

教师需要设计多种协作型的学习任务，以推动学生的互助互动，让他们感受到团队的光荣与成功，培养他们的合作意识，并构建畅通无阻的师生沟通途径，致力于打造宽容、自由且友好的教育环境。由于大部分学生缺少大型的英文语境及气氛，教师有责任为他们创造出可以大胆诵读的机会和条件。根据建构主义学习原理，孩子们伙伴式学习的主要优势是能够引发其思维模式的变化，借助伙伴之间的不同点和积极的言辞交谈达到这一目标，并在彼此间的学习和对话过程中塑造浓厚的阅读风气。

二、核心素养下优化高中英语阅读教学的实施策略

对于高中的英语教育来说，关键在于英语语篇阅读的学习，这是提高学生的核心素质的主要方法。教师需要把核心素养的教育融入所有的英语课程里去，让英语教师充分了解其基本原则，稳固他们在语篇阅读教学上的地位，紧扣着语言技巧、文化和思考方式等四个主要因素，利用多种有效的方法和工具来指导学生，让他们为了探索文本的主旨与含义而努力，并在大量的细致入微的文本阅读过程中，通过一系列的思维过程来掌握语言知识和增强语言技能，构建出富有逻辑性的完整知识结构，并且优化和提升他们的思考质量。以下就是具体的做法：

（一）深度解析文章内容，重视提升学生的全方位语言技能

语篇是学习语言的重要工具。在实际且较为完善的语篇中，语言学习者主要是通过理解和表达，而并非单独地掌握词汇、句子或语法知识。

第一，对于各种类型的主题与风格的文章，教师可以通过教导学生如何整理并提炼文章的内容来实现这一目标。他们可以在多个视角下解读这些文章，以理解其构造方式、连贯性和整体架构。在实际操作过程中，教师们需要深入研究文章的核心含义，以此为基础去激发学生的感情、观点和价值取向。

第二，教师还应鼓励学生体验到作者在创作过程中的独特思考、审美观及表现手法，从而让他们不仅仅只停留在语言知识的表面上，比如学习新单词、掌握新的句型或语法规则，而且还要深入了解更深层次的美学原则、创意设计理念以及思想观念等等。这样一来，学生就能形成一种全面的阅读策略，使得他们在吸收、应用和转移文本信息方面更加流畅无阻，同时也提升了他们的思维能力和逻辑推理能力。

第三，通过利用文章来加强学生的词句构造及作文技能训练，以深化他们对于文字内容的掌握与应用技巧。在这个高中的英文朗读教育过程中，教师需要借助于这些书面材料把学习的新字母或新的构词法融入课程中去，使他们在实际的使用环境下学会如何操作它们。比如：当一篇阅读文章讲解结束之后，教师可以设计一些场景化的对话或者语法测试的活动并给出这样的作业"Tell us what you think of this reading by retelling it using only new vocabulary and grammar from our textbook"这样一来不仅可以巩固教师刚刚学习的教学内容而且还能提高教师的口语交际能力和记忆力还有就是提升了教师在日常生活中的沟通水平。

第四，对于语言能力提升的教学教师应着重塑造学生的全面技巧。例如，在课文阅读中，教导学生如何依据图片与章节标题来预判文章主题；从文字内容提炼出表格数据；参与到阅读前的猜测、阅读后的问题探讨或者总结归纳；甚至包括接下来的写作练习等等一系列观察、表达、书写的行为。

（二）优化活动策划，重视培育学生的多角度思维素质

逻辑性思考、批判性思维以及创新性思维等都是多向思维的特质。培养这些多向思维需要一个逐步提升的过程，教师需要持续地指导学生进行思考。

预备阶段的引入部分，教师可以通过影像或者图像来构建环境并引出话题以激活学生的现有认知模式并且在新老知识点之间搭建桥梁。其次就是使用猜测的方法去刺激思考火花从而引发学习者的求知欲望。接下来是在读书的过程中，教师的任务在于指导他们解读文字的内容与构造以此锻炼他们的推理能力。他也可以借助组织化的概念网络及思想地图等工具协助整理课文框架以便于他们在深入研究之前就能够把握整篇文章的大致轮廓进而提供创意写作的可能性。

另外，阅读后的团队讨论和写作活动是一个很好的机会去训练学习者的创新性思考。然而，教师需要给予学习者适当的指导和充分的信息支持，这样在他们进行讨论或者创作时才能形成清晰的思考方向。

（三）利用各种途径和方法，塑造学生的文化素质

首先，教师可以通过解读文章的内容创造环境氛围，运用现代化的科技

工具或者与现实情况相结合的方式去发掘出文中蕴含着的社会文化和价值观并且指导他们转化为自身的素养。以"人类伟大的天才"这一篇文章为例，讲述的是一位叫作苏霍姆林斯基的天文学家的事迹，教师可以设计一些活动要求同学们查找更多类似于这位伟大人物的其他相关资料如他的生平背景和他获得的重要成果等；同时还可以把当前全球卫生危机下那些杰出的科研人员的贡献也纳入课程当中，让学生了解到这些人的无私付出及对社会的重大影响，从而激发同学的学习热情和社会的责任感，增强其对于全人类共存共荣观念的支持度。其次，就是在教授中国外国历史的过程中，教师们可以选择使用课本上提供的素材作为基础，然后借助互联网资源寻找更具生动性和明确性的新颖的话题，以此提升学生接触英语的机会，增加他们在课堂上学到的词汇量，使各个独立的文章之间产生紧密联系，形成一种全面且清晰的世界。英国、美国传统文化认知则鼓励大家接受多元的文明尊重优秀的传统文化吸收其中的精髓培养自己具有国际视野的能力。教师有可能鼓励学生在网络或报刊上更深入地阅读有关西方节日和我国传统节日，并且让他们在阅读后进行比较分析，从而使得学生对中外节日的差异和相似之处有了更加全面的理解。这样不仅加深了学生对中外文化的认识，也提升了他们的文化自信心。

（四）提供指导和建立平台，增强学生的学习技巧

利用高中的英语阅读教育能有效提升学生的学习水平。在授课过程中，教师需要有目的性地提供指引，比如，提前安排自学的课题，课堂上针对学生进行阅读技巧和方式的辅导，如教导他们使用skimmingreading, scanning reading 和detailed reading 等方式来增强阅读效果，同时，也需要创造吸引人的阅读环境，包括设计疑问导向的问题场景，团队协作探索的环境等等，以此激起他们的阅读热情。让他们能在问题的驱动下独立思考；他们在小组交流的过程中建立起合作学习的习惯，并发展出创新研究的能力。之后，教师应依据学生的实际状况分配层次化的练习题。此外，教师也可以向学生推荐一些英语阅读学习的网络资源，英文杂志或者图书，激励他们自我学习。

另外，教师需要在授课过程中观察学生的课堂表现并与他们进行交流，以指导他们建立适合自己的学习方法和策略。同时，教师还能创建一个网络

学习互动平台，让学生分享和讨论他们的阅读技巧和学习策略，从而增强其学习效率。

教师需要指导学生频繁反思自身的学习动机、方法以及成果，培养他们自我反省的良好习惯，提升独立学习能力，使其成为负责任的学习者。

总而言之，在新教科书修订的过程中强调了对高中的英文授课内容应注重培育学生的关键素质能力；同时这也是目前对于该门语言学习的期望值所在。从这个角度来看待的话，教师在教授这部分内容的时候需要面对全新的困难及考验：一方面要确保能有效地训练出他们的基本技能水平并达到预期的学习成果标准（即他们应该具备的核心能力和知识）；另一方面也必须寻求一种新型的教育方式方法去优化我们的讲堂效果从而进一步增强其效用率。

第五节　高中英语写作核心素养的培养策略与实施

一、在核心素养的视野下，高校英语写作教学所涵盖的内容

以核心素养观念为中心的高级中学英文写作教学是把核心素养渗透到所有写作教学的各个阶段，包括对教学资源的解析，设定教学目的和设计教学行为等等，以此来培育学生的核心素养写文章能力。同时，教师也将作文训练视为实现英语科目核心素养的关键部分

"英语写作可以提供一种实际的环境来激发学生的兴趣并让他们运用他们的现有语言技能和相关的话题信息，通过对现实生活的描绘、真切的观点表述以及处理日常问题的方式，实现语言、文化和思考方式的一体化融合，从而推动他们整体的学习能力和素质的发展。这正是教师在核心素养视角下的高中英语写作教学所追求的目标——以写作为中心，培育学生的关键素养；其具体操作则是结合了课程中的六个主要元素（即写作材料和任务），采用了一系列由浅入深、逐步推进的写作教学方法。

二、在核心素养视野下，高中英语写作课堂教学的执行步骤

在核心素养视角中，教师可以总结出以下步骤来执行高中英语写作教学：首先是深入研究和提取关键元素；其次根据学生情况进行分析并设定相应的培育指标；最后通过设置多层级的互动学习环节以推动实现这些指标的目标。英语教师可以通过遵循这个流程，并在核心素养背景下对高中英语写作教学进行实践。

（一）深度解读写作任务和素材，提取关键技能的要点

理解并深度研究写作任务及其相关材料是在教育者构建和执行高中英语写作课程的核心能力视角下的关键步骤。通常来说，写作任务由一篇文章和一系列图像构成，然而这并没有完全激发学生现有的基础知识或确保足够的写作实践。所以，为了使学生能够更好地利用这些资源，教师必须向他们提供相应的写作资料，例如写作样本、关联的文章等等，让他们可以学习和模仿有关的写作方法。在教授写作的过程中，英语教师应当全面地解析写作任务和写作材料，明确文章的主旨含义和语境，观察内容架构、文体特性以及语言特色，重视重要的语法构造，发掘它们的教育教学潜力。简而言之，教师需围绕着主题环境，依靠文章作为基础，考虑哪些部分有助于提升学生的核心能力和他们的特定核心素质，并且怎样使用这些元素来提高学生的核心能力，只有这样，教师才有可能制定出具体的教育策略，从而为根据核心能力设计的写作课程的目标设定和教学活动的策划提供支持。

（二）根据学生的学习状况进行分析，设定关键技能的培养目标

深度且全面的学生情况研究能有效理解他们的学习需求，从而为制订针对学科关键能力的教学目标提供了数据支持与参考。当英语教师完成了作文任务并进行了相关资料的研究之后，他们必须根据清晰的作业规定、文章架构以及包含的关键素质元素来评估学生的实际状况。其中应涵盖以下几个方面：学生已经掌握了多少有关语汇、主题或文体的知识；他们在语言技能上还有什么不足之处，又该如何改进；如何把关键素质因素转变成为适合学生的学习目标。通过这种方式，英语教师可以从整体的角度出发，选择和调整那些能够被学生所吸收和执行的关键素质因素，以确定这次课程中要达到的

目标。由于每个写作课堂的时间都是有限的，因此英语教师有必要精确地挑选出关键素质因素并将它们转换成实用的学习目标，保证这个过程既具有实践意义又能达成预期的效果。

（三）构建层次分明的写作学习活动，以推进核心素质培养目标的实现

新的课程标准强调了基于领域关键能力的学习行为模式作为实现英文主要教育方式的核心素质的关键路径。因此，所有教师都必须遵循这个原则来调整他们的教导方法并再次评估他们对作文活动的规划深度及其逻辑关系是否恰当；通过提供真实的环境让孩子们去写文章并且利用各种不同的题目或材料让他们参与到这些活动中（例如：阅读分析型的活动、练习操作型的作业等等）；以此引导孩子掌握必要的词汇量或者语法规则以便更好地阐述自己的想法或是感受而非仅仅是机械式记忆单词或者是死记硬背一些句式结构而是真正能够灵活运用的技巧性的东西比如如何组织段落内容怎样才能使你的论点更具有说服力又如怎么把一篇普通的叙事变成引人入胜的故事？这样一来就能达到既定的目的——即提高孩子的综合能力和全面提升其人文精神水平的目的

三、在核心素养的视角下，高中英语写作教学方法。

根据任美琴和吴超玲的研究成果，他们认为："真实的场景是语言发展的关键因素，而学习的进步则源于教育活动的规划；对于思考质量的提升来说，问题设置起着至关重要的作用；至于文化的理解和认识，教师需要利用相关的文化资料来实现。" 以此为基础，并结合英语学科的核心素质观念及写作教学的实际操作经验，本研究提出了四个相匹配的教育方法，以促进学生语言技能、学习技巧、思考水平和对文化的认知。

（一）巧设情境，发展学生的语言能力

通过设定特定的写作任务，教师能为学生语言技能的发展构建出一个主题环境，从而使得整场写作活动都在这一主题背景下进行。为了充分发挥写作主题及其相关资料的作用，可以结合学生的日常生活经验来设计真实的环境，以此激发他们已经掌握的语言技巧和讨论内容，引导他们在写作过程中

同时进行听力、口语、阅读和书写练习，以获得并吸收新颖的语言知识、议题信息以及文章风格理解。让学生在一个现实场景中自主撰写作品，有助于提高其创作水平。一旦学生完成了草稿阶段，教师就可以组织同学间的互相评价，进一步增强他们的写作技巧、阅读技巧等方面的能力。

（二）巧设活动，提高学生的学习能力

对学习力的提升不仅仅局限于培育写作热情和提高写作技能，也涵盖了自我管理、团队协作和探索研究等多种能力的塑造。因此，一名英语教师应通过教育实践来推动这些能力的进步。在挑选写作题目的时候，教师要确保它们既符合学生的日常生活和个人喜好，又与其认识程度相当，这样才能让他们找到谈论的内容，产生表达欲望，并且能够有效地沟通。同时，教师也应当借助各种多媒体工具来激起他们的写作热忱。为了使他们更清楚自己的写作任务，教师可以设置"预习写作"这一环节，引导他们在开始正式写作之前明晰问题的焦点所在。接着，教师会给予他们关于语言表述、文章构造和类型等方面的一系列具体建议。除此之外，教师还需要结合写作主题和内容，构建提问场景，策划探究型的学习活动，他们可以通过多种形式的英文学习资料来自主学习、协同学习或深入探讨。比如，教师可以基于写作的文章主题，事先安排相应的学生活动，鼓励他们充分利用网络和书籍资源来增强自学的能力，并对写作主题展开初步的研究。接下来，教师可以采用小组学习的模式，让学生们一起商讨写作议题并制定写作大纲，当学生完成初稿后，将再次组织他们的小组修订等工作。

（三）巧设问题，培养学生的思维品质

对于英文创作教育来说，教师需要利用疑问作为基础来培养和提高学生的思辨能力。以下是一些具体的做法：通过提出解析型问答的方式教导他们理解文章的形式（如文体的类型）、用词风格、主题等元素并了解其特质及其内在关联，从而增强他们的推理能力和判断力；结合学生的生活经验让他们把日常生活中的难题融入作文练习中，鼓励他们在面对实情时发表个人见解或立场并对读者的反馈做出回应以此激发创造力和独立思想的能力；最后教师还应设置批评性的提问方式让学生们能从不同角度审视作品中的论点或者他人的看法甚至自我反思以便进一步锻炼出辩证性的洞察视角。

（四）巧用素材，提升学生的文化意识

在英文写作教学过程中，教师应把焦点放在如何让文章内容更贴近学生的日常生活，并深挖他们所熟知的文化和历史底蕴。特别是在中国传统文学和地方特色文化方面，教师需要积极地向学生介绍和推广它们。同时，也应当设计一些实际的跨国交流场景和相关元素来激发他们的思考和分享能力，让学生能够更好地比较和理解不同国家和地区的文化差异，从而扩大自己的文化视角并且对各种文化保持敬意。

简言之，通过写作教学来实现对关键能力的培育和提升是一个重要的手段。因此，教师需要探究并理解其基本原理，并将这些原则应用到高中的英文写作课程中去。教师要制定详细的教育计划，仔细阅读每一节课的写作主题和资料，确保教师的写作课堂能达到核心能力培训的目标。同时，教师也需根据英语的学习活动观点，创建分层的写作教学方法。此外，英语教育的领导者们也应当积极参与关于核心素质的研究和实际操作，以给一线的英语教师提供理论上的引导和实务方面的建议，并且要特别注意高中英语写作教学的目的设定、教学方式的设计、评估工具的研发等诸多问题。

第四章　高中英语学科的个性化教学

第一节　个性化的教学理念

一、把握个性化教学的基本价值

总的来说，个性化教学是指教师通过实施具有个性化特质的教育方法，满足学生对于学习的需求并推动他们人格健康成长的一种教学活动。这项教学行为至少涵盖了两大价值观：

（一）个性化教学注重实现教师个性化的"教"

随着时代的变迁，教师的社会责任也随之增加。由最初单纯传递知识和经验的教育家转变为承担道德品质培养的责任，直至今日，斯腾豪斯所提倡的"教师作为研究员"理念在实际教学过程中常常受到限制，因为教师难以在一个班上数十名学生的面前开展有效的交流。此外，许多非教育性质的社会因素也会对教师的教学产生影响。然而，斯腾豪斯并未止步于此，他继续强调：若缺乏教师自身的成长，则无法推动教育的前进。换句话说，如果没有教师的创新能力，那么所谓的教学改进也将失去意义。因此，目前教学改革的主要目标之一便是要释放教师的独特性，减少他们除教学之外的工作压力，让他们能够积极参与并享受教学过程，从而激发他们的创造力。教师需要具备良好的教学技巧。无论是古代还是现在，向他人传播道理、教授学问以及解答疑问都是教师的核心工作。"讲明道理，传授知识，解决疑难问题"不仅是每位教师应尽的义务，更是他们在个性化教学中的第一步。教学不仅是一门艺术，也是一种科学。让每个教师都能熟练运用教学方法是非常具有挑战性的，它涉及教师个人的性格特点和人际交往能力，同时也包括其学科知识和专业素养。如果教师仅仅被视为知识和经验的传承者，那无疑不符合社会的期望。教师应成为引领者，指导学生如何自主学习。其次，教师应该热爱自己的职业。

解答疑难问题是教育的重要目标之一。教育的核心在于充分发挥教师的主动性和积极投入教学工作。教师的工作积极性与学生的学习成果有密切关系，同时也决定了校方管理层及学科领域专家对他们的评价。相比之下，作为个体，教师们承担的社会责任更多，这使得他们在某些情况下更容易受到限制。因此，释放教师的个性和减少他们的压力，明确他们的任务定位是实现快乐教学的核心要素。此外，教师需要创新型的教学方法。这也是实施个性化的关键因素，意味着教师必须能够创新式地"教授知识、解决问题并传承文化"。如果希望学生具备创新精神，那么教师自身就应该拥有这种精神，不能墨守成规或停滞不前。同样，当期望学生展现出创新思考时，教师本身也需要如此；不要拘泥于传统观念或者过于依赖权威观点，而是保持开放的心态。鼓励学生参与创新实践，教师也要亲自加入其中。这样一来，通过创新式教学方式可以让课程充满生机。

（二）特色教学重视解决学习者的独特需要

教育是一个由教师教授和学生学习共同组成的过程，其中教师的指导对学生的学习有着重要的作用，然而即便没有教师的引导，学生仍然可以自学。如果教师正在授课，但是学生并未给予足够的关注或者缺乏必要的知识储备，那么这种情况下，虽然有教师的教学，也未必能促进学生的学习。所以，基于每个个体的不同特点，满足他们的合理需求和爱好，让他们能够自主且愉快地学习，并激发他们创新性的学习能力，这是个性化教育的目标所在。首当其冲的是让学生学会学习。"授人以鱼不如授人以渔"，这句古语强调了传授知识的重要性。

教育的策略应包括如何适应社会的变革与发展——即鼓励个体形成独立思考的能力及勇于面对各种困难的精神状态。因此，教师应该把重点放在提高个人的自主研究能力和让他们掌握自我探索的方法上；这不仅能满足当前的需求，还能应对未知的将来变化带来的新问题。此外，激发他们的求知欲也是关键的一环—— 通过引导他们在自己感兴趣领域里寻找答案的方式来达到这一目的，有助于释放个体的潜力和推动其积极参与到各个领域的探究活动中去。最终的目标应该是促进个人主动寻求新的解决方案并且持续改进现有的方法或技术从而保持领先地位。

二、个性化教学的基本特征

相较于传统的教育模式，以个人特色为核心的教育方式更具独特性。其显著的特性体现在如下几点：

（一）民主性

个体化的授课方式代表着真实的平等式学习环境，它贯穿于所有个体的课程设计过程中，而这种平等的前提条件就是它的存在保证了这一原则得以实施。要理解这个概念的核心思想——即根据每个学生的独特需求来定制他们的课堂内容，从而让他们能够全面且无阻碍地发展自我潜力。这是一种基于每个人的特性去调整的学习方法，旨在满足他们发展的需要并且推动个人的成长进步。与此相对应的就是那些要求全体同学都遵循同一模式学习的传统学校制度，它们显然更加偏向权威主义而不是公平和平等的原则。此外，还需要关注到另一个重要的方面—那就是如何建立起真正意义上的"相互尊重"，"彼此关爱"的学生教师之间的互动机制；只有这样才可能打破那种传统的单方面地灌输知识或解答问题的局面（也就是所谓的"被动"），使得每一个参与其中的人员都能积极主动起来发挥自己的作用力求达到最佳效果。因此，"吾爱吾师，吾更爱真理"（这是古希腊哲学家苏格拉底所提出的名言），这句话就恰如其分地点明了一种新的理念——"既要有深厚的感情又要坚持科学的精神"，而这也是教师在构建新一代教育教学体系时应该始终坚持的基本准则之一。

（二）主体性

除了学生之外，个性化的教学主体应包含所有参与教学的人们，无论是教授还是被教授的学生。然而，仅针对课堂教学而言，这个主体应该由教师和学生共同构成。近年来，关于教师和学生之间的关系的普遍观点为"以教师为主导，学生为中心"。但是，事实上，教师的引导并未做到极致，而学生的中心位置也没能稳定下来，这主要是因为教师和学生的个性和特质并没有完全展示出来。尽管理论上，教师确实能在教学中起到关键的作用，但是在实践操作层面，这一功能的实现受到诸如教育管理体系、教育评估影响和社会压力等多种不利教育条件的影响，甚至无法保证教师的个性能够完整地体现在课堂教学之中，这也是很多一线教师感到困惑并导致他们对工作热情降低、教学效果提升困难的主要原因之一。同样，对于学生的中心角色来说，他们在真实的教学情境下不可能有能力去自由挑选他们的学习方法、学习环境和学习内容。因此，教师强调的是教师和学生的双主体原则，具体表现为教师和学生的自发行为和创新行动，这些行动可以激发教师和学生积极主动的回应，进而促进个体性的全面成长。另外，主体性也可以通过自我教育来培养，学校需要让教育的目标转变为学生自身成为教育的主体，这样才能使得学生掌握学习的技巧，并将现有的主体性提高至更高层次。

（三）创造性

个体性和创意之间存在着深厚的关联和相互影响的关系。根据日本政府的教育审查委员会提出的首次建议书——"对教育的改良"，他们指出"创意思维和个人特质之间的关系非常重要，要培育有才华的孩子需要全面地开发他们的个人特性并提升他们在创作方面的技能。"关于怎样激发人们的想象力和独具匠心之处的研究已经有很多成果被提出过，其中最核心的观点就是要有勇气说不（no）这个观念。在中国有这样的一句话："初生牛犊不怕虎"；这句话通常用来形容年轻人的勇敢无畏精神及面对挑战时的决心坚定态度。在这个充满竞争的社会里教师要做的是思想敏锐且富有独特见解之人能够想他人未曾想过的事物并且付诸实践。所以从教的角度来看重视学生的独立思考能力和独特的想法以提高他们的原创力已成为迫切的需求。

（四）和谐性

在推行个性化的教导方式时，始终坚持重视个人特质，这基于全人教育的理念，即注重道德修养、知识积累、身体素质等全方位的教育目标。并非所有个性都需要被认可，相反，教师要引导学生塑造优秀的个性特性，避免或改正那些消极的性格元素，从而实现师生双方的平衡成长。此外，整体进步和个人特色之间的关系是一个互补的关系，后者作为前者的关键部分，反过来也为前者提供支持。然而，必须澄清的一点是，社会的属性构成了个性的根本性质，这是因为个性包含了各种社会因素，每个时期、每种文化和社会都会产生符合其时代的、文化以及社会的独特个性。因此，个人的个性与社会的需求相协调才是最主要的目标。

教育工作者必须不断刷新他们的思想并转变观点，这是所有教育实践变革的基础。他们需要理解个性化教育的核心价值观及其主要特点，这样才能深刻地领悟其在教学过程中的重要作用，从而更有效地探索和制定适合学生个性的教法，推动他们的全面发展。

三、优化个性化教学的具体实施策略

（一）深入研读教材，厘清单元主题与语篇设计的关系

教科书作为教育实践的核心参考资料与指导原则，对教师来说，理解并研究它是一种必要的素质和前提。唯有持续探究其内涵，明晰课程主旨及教学策略，并对各章节间的相关信息做总结梳理，方能揭示每个模块的主导特色。在此基础上，根据学生的实际状况和基础知识水平进行分级规划，优化教学流程，确立总体的教育目的，从而推动各个模块的个性化进步。然后，基于各类文本内容的情绪价值观和观点，创建相对独立的基本教学活动。如此一来，从整个模块出发，细化至单个文章的设计；从特定议题扩展至整套模块的目标设定；逐步推进，引领学生的学习进程。

通过逐渐实施全面的人才培育计划，学生不但能深刻领悟和熟练运用所学知识，还懂得了如何自我教育，也就是：单位（全局）的学习策略，建立起严密的学习思考方式，强调单位主旨的内容，用创新的手法展示语言学习的目的，基于对文章学习目标的理解，凸显各篇文章的教育任务的设计与其总体目标的一致性，从而清晰有序、目标明确地执行教学行为，提炼出单位设计的独特含义。

（二）创设教学情境，突出个性化问题导向

情感环境作为语言教育的核心元素，其重要性不容忽视。在英文授课过程中，利用多种技术如多媒体等构建适当的环境至关重要。借助教师的引导和辅助，学生能更深入地理解课程内容，从而加快他们学习新知的效果。建立场景模型时需遵循严谨的标准，确保它紧扣课程内容并满足学生的喜好及

心态需求，这有助于吸引他们的注意力，激起他们的热情，让他们更容易投入课业当中。此外，可让语音清晰的学生朗读文章，针对他们的弱点给予建设性的反馈，并对他们的优秀作品立即做出评价，以便提高他们的写作技巧，进而整体提升他们的口头表达能力。这种场景设定能让学生获得更多的实际感受，且设计的素材紧密联系着他们的日常生活，使得整堂课充满活力，也能给学生带来优质的教育体验，凸显出英文科目教学的独特性。

（三）分层开展个性化单元主题教学

新的课程标准明确提出，在高中英语教学过程中，教师必须充分认可学习者的主体性。但在具体的教学实践中所面临的一项难题就是学生的知识基础各不相同，在开展教学的过程中受限于词汇量、语法基础等方面，对于一些问题的解决能力也存在着非常大的差异，教师在进行教学的过程中要设计一些思考问题让学生去解决，这样学生在对文章进行阅读的过程中也就可以带着问题进行阅读，从阅读篇目中找出问题。因此，在教育过程中需要面对学生基础知识差距的情况，教师应根据每个学生来设定相应程度和多样性的解决问题方式。对题目设计的任务须紧扣课文内容，这不仅能增强学生的阅读理解力，还能提高他们对所读材料的把握度。在学生开始阅读前提出相应的疑问，让他们带着这些问题到文中找寻解答，此种教导策略对学生的阅读理解力的进步有显著的影响。通过深入思考就能回答出有关的问题，这也提高了他们的主动性。在布置题目的过程中，教师应该充分利用自己的引导功能，确保学生能在阅读时有一个清晰的路径，并鼓励他们在文本解析上发挥主导作用，这样的提问可以有效地促进师生的互动交流，从而更深层次地理解文章内容。

（四）及时拓展教材内容，有效映射个性化教学实践

及时拓展教学内容是英语教师提升教学效率的重要手段，只有在拓宽知识面，优化设计理念的基础上，才能提升学生对英语学习的探究能力。学生可以从高中英语教材获取的知识存在某种程度的局限性，这无疑妨碍了他们对英文知识的深入理解和广泛探索，也不利于他们对整个单元的个性化教学方式的掌握。所以在个性化单元设计教学时，一定要及时引入生活化的内容，通过具体的教学实践训练，让学生能够接触到更加丰富的英文知识，

进而更主动地探究问题的关键点，最终在不断的探究，思考，讨论中持续发力。

总之，高中英语教学中个性化单元设计方法极为灵活，不论是对于教师的英语教学设计水平、教学应对技巧，还是教学中的课堂驾驭能力，都是一种挑战，只有教师在教学实践中不断地探索和优化组合，才能进一步提高英语教学的实效性，促进高中英语单元教学的个性化发展。

第二节　个性化教学目标

一、个性化教学目标实现的基础

针对教育课堂的学习环境来说，制定独特的教导计划往往依赖于以下三项基本要素；首先是明确学习内容和方向，这主要体现在指导教师及学生参与的教育活动中并基于此来实现他们的互动行为中去。其次就是要深刻认识到每个个体的独特性和需求的重要性。所以在这样的前提下就决定着教师要把每一个孩子都当成是一个独立的存在来看待并且给予足够的重视。最后一点也是非常重要的一步那就是要在实践的过程中不断积累经验教训，以确保教师在做的事情都是有根据可循而且能真正发挥作用。

二、英语课堂个性化教学目标

在高中的教育环境中，由于各种因素的影响，例如学习能力和英语基本功，每个学生都有各自的特点和优势。同时，他们的学习态度和动机也各异。因此，为了更好地满足他们需求，教师需要对学生进行分类管理，比如把优秀者、普通者与困难者区分开来。在准备课程时，要基于学生的特性设定具有针对性的教学目标。对于优秀的同学，除了让他们理解并熟练运用所学的知识点外，还需注重提升他们在实际操作过程中的创造力；而一般的同学则要在巩固基础知识的前提下，努力提高自我学习的独立性和主动性；至于那些成绩较差的同学，重点是打好基础，确保能全面掌握英语的基本结构（如句式、语法规则及单词）。这样一来，无论哪个层面的学生都能从中学有所得，从而增加自己的信心，激发更多的学习热情。

换句话说，在高中英语的教学过程中，教师可以通过以下三种方法来设定个性化的教学目标：

（一）分析学生差异，建立分层教学目标

学生的个性化与独特性是不可否认的存在。为了使每一个学生都能获得全面的发展，教师必须首先接受他们的多样性和独立性，并将此视为教育的起点及终极目的。以高中的英语阅读为例，教师应基于对教材内容的熟悉度和课程标准的理解，为每一步骤设定基本的目标和提升目标。在课前准备阶段，鼓励不同水平的学生围绕自己的目标展开学习，同时保持一定的灵活性，充分运用创新思考的能力，勇于提出疑问，这不仅有助于实现目标导向的教育任务，还能解答那些超越了既定目标的问题。

（二）对课堂教学过程加以评估，设定过程性的目标

教育者在设定教导目标的过程中，不仅需要关注英文基本理论及应用技巧的达成，还需要兼顾学识策略和情绪反应等方面的需求。同时，他们应迅速对自身的教授方式做出相应的更改。实际上，"三个层次"的教育目标（包括知识理解和技术掌握、流程处理和感情倾向）是教师在实施教育的指导原则之一，然而并不意味着所有课程都需要达到这些标准。由于不同的教学形式、主题内容和实践手段可能导致不同的结果，所以教师仍需灵活利用课本并理智解析材料，以合理的步骤确立每一个学期、每个部分甚至每一天具体的教学目的。

（三）注重学生的成长，推动个体的动态发展

注重每一个孩子的成长，强调个性化差别，认可每个人在学习能力和过往经验上的不同。对孩子们的独特之处表示关爱，设定教育目标的时候需要考虑到各种程度的挑战。教师不可以任意提高或者减缓课程的复杂度，而是应该让教导的目标具备多层级特性，所以更需深度了解孩子们的情况。

1.要了解学生的起始水平

应把焦点放在学生身上并基于他们的知识理解程度、情绪反应方式及价值观念等方面来设定适当的教育"最新进展区域"，这样可以确保每个同学

都能在这个基准上取得最大的进步与自主发展的空间。若只根据教师的角度去设立学习目的的话，那么对所有人的期望都将会是一致的标准，这无疑会导致许多人感到沮丧并且增加他们的工作压力从而降低教育的效果。因此说，准确评估初学者能力水准是教师确立合适教导方针的关键因素之一。

2.要开发学生的潜能

设定教育目的时要精准把握学者的技能提升与进步的空间——"近期的发展区域"，这是基于Vygotsky提出的"近距离成长空间"概念所提倡的教育理念：教育的起点应该从学生可能达到但尚未实现的能力出发；然后借助教导手段使其突破现有的潜力范围并形成新的一层学习领域（即所谓的"最新的学习增长区间"）。所以挖掘学者潜能并在实际授课中融入相关内容以优化课程设置是非常关键的部分，这有助于获得更好的教育教学成果。

3.要了解学生的发展需要

设定教育目的时必须以学生成长的需求为主轴线，这是由于师生间的冲突主要源自教师的主观需求及学生的自主发展的差异所致。所谓的"主控需求"，是指基于对课程标准、课本内容及其生理解读而产生的对于教育的期望；至于"自我生长所需条件"包含了"自身的学习程度""个人学习的意愿"两部分因素。有时候两者之间的关系会非常和谐或并不协调或者根本无法达成共识的情况也时常发生。解决这种问题的关键在于应该把重点放在满足他们的主观欲望上面来调整教育教学方式使其更符合他们自身的实际状况从而充分发挥出教师的引导功能并且能够更好地推动他们在最短的时间里获得最大的进步空间。此外，每个同学都有自己独特的学业追求而且这些追寻的目标也是各有高低之分。因此教师在设置各种阶段性的任务的时候要考虑到这一点以便让他们可以依据个人的实力去选择适合他本人的奋斗方向然后通过参与到探索的过程中享受这个过程中带来的快乐同时也能从中获取一些成就感以此增强他的自信心进而促进他在未来持续不断地提升潜力。

第三节 个性化教学设计

自二十世纪八十年代起，伴随着新颖的教育观念——现代教育设计进入中国，它已在中国传统课堂教导模式的基础上得到了广泛运用。基于此理论及技巧，教师们开始对自身的教学方式进行了深入思考并发现了其中的缺陷和需要改进之处。这种做法有助于消除过度依赖个人经验所带来的负面效果，推动着教师们的准备过程朝向更科学、更标准的方向发展。这一变化不仅反映出教师对于教育的根本认识上的重大变革，也标志着他们在职业生涯中的关键进步。然而，当前教师的教学设计仍有许多待改善或需重新审视的部分。

根据心理学家的研究，优秀的教育者并不会机械式地遵守固定的原则，他们都拥有独特的风格。对某位教师来说是有效的策略，但不一定适用于另一位教师。这意味着每一名教师都是独一无二的存在。每位教师都有自己独有的特征，这些特征包括个人尊严、完美人格、身体及精神上的特性，也包括个人的观点和创造力。由于教师之间的个性差异巨大，所以每个人都可以有潜力成为一位优秀教师。这也为教师追求个性发展和定制式的教学方法奠定了实际的基础。

如果教师把个人定制的教育目的视为实施个体教育的基础条件，那么个体的教育教学计划则可以将其扩展到这个基础之上并将教育的梦想转化为实际的过程。根据教导的设计的历史发展来看，其初始阶段是以合理的且基于实证的方法来设定价值观及行动的目标；然而这样的方法却对教师的教授技巧有所制约并对学习者产生了被动的影响。因此，人们更倾向认为指导是一种富有创意而又具有艺术家性质的工作方式。自二十一世纪初期至今，新的如场景式授课法或结合构建论学说及其现代化科技手段的学习策略已经出现并在全球范围内得到广泛应用。这些新型战略不仅重视学生们的情绪反应和个人特点还关注他们的自主建设能力等等方面的问题。同时，课堂上的管理模式也在不断变化着由静态转向动感型的方式去适应这一新环境的需求。针对此种情况下的个别课程设置提出了相应的解决方案——"特殊"式的课设原则旨在让教师能够更好地利用自己的独特风格（即个人的特色）参与其中使得学科内容变得更加丰富多彩同时也增强学习的趣味性和吸引力。

一、对文本进行个性化解读

观察课程执行的角度，新课程能否顺利融入教室，是否能够被教师所理解并转化为实际的教学行动，关键在于教师个人是否能根据自身的学校、班级和教材文本来理解和改变，从而对文本进行深入的理解和改造。

在新课程中，教师需要积极地参与到其中并对文本有独到的理解，这对于新课程的发展来说非常关键。消除传统的教学观念中的文本权威对教师个人特质的影响，让教师能重新找回他们的真实自我。这样做的目的是激励教师们表达自己内心的想法。只有深入研究了文本的基础含义及其教育的意义，挑战其逻辑性和经验性，并且激发文本知识的活力及内在价值，教师才有可能制订出富有人道主义精神的教育计划，从而促进师生间的生命交流和个人经历分享。所以，教师的独立阅读不仅仅是一种个性化教学方法的选择，同时也是他们职业发展的重要途径。

二、设计出具有时间和空间弹性的教学方案

弹性教案是指教育者在制定课程计划的过程中，依据科学性和标准化原则为自身提供一定的灵活度和余地，这样一来，当面临真实的教学环境时，便能够根据需要及时修改或添加内容，从而推动知识的发展和成长。针对此观点，有些教师建议，在编写教案的时候，要在其右边和末端各留下四分之一的空间。右边的空位主要用来填补不足并加深理解，用以抓住可能出现的突发事件或者新的教学创意；左边的空位则是为了总结和反省，用于评估整个课堂教学的效果。因为有了这些弹性的教学规划所提供的额外时间及空间，使得教案更为丰富且充满活力。弹性教案的主要目的是赋予教育教学足够的动力和生命力，同时也能充分考虑到现实的教育场景。首先，它给了教师一种即兴表现的方法，解除了他们的思维束缚和情绪压力，让他们能在与学生的互动过程中更加自然流畅，更有利于激发课堂教学的新颖性和创造力；其次，弹性教案强调个人经历的重要性，把学习融入了具体的生活实践当中，这能让每个孩子都有更多展示自己见解的机会，有助于培养良好的性

格习惯和掌握学习方法；最后，弹性教案致力于构建一个持续发展的课堂生态环境，这一设想无疑将会大大提高教案质量和效果。

三、设计以创新为目标的研究型学习方案

被称为探究性教案的，是指教师以技术创新作为其价值观，以解决教学过程中遇到的问题作为起点，进而找出问题、确定问题本质和分析应对策略，最终实现问题解决。在信息化时代和学习社会的背景下，

教育者和学生都在面对全新的挑战。为适应这些挑战，教师需要把教学规划看作是一个持续进步、增长和革新的过程，主动发现新课程中的问题和缺陷，并且积极寻求改善方法，以此来灵活调整策略，保持新鲜感，进而实现对新课程的有益执行。即使是在相似的教育环境下，教师仍能利用其独特的才华和创新思维，提出独特且富有创意的教学计划。此外，教师可以将研究性的教学案例设计与研究性学习、实践探索和学校内部研讨相结合，进一步增强其实用效果。总而言之，研究式的教学案例构建再次强调了教师的核心角色在于创新和创造力，这无疑会成为他们体验工作快乐的主要源泉和生活基础。

对于个性化教学方案的设计来说，核心是教师的创新思考力和对教材及文章的有效运用能力。虽然制定课程计划有一定的规则，但教师在实际授课过程中可能展现出无穷尽的创新力，并且这些富有创意的个性化教学策略可以在任何时刻融入教师的讲堂中。

第四节　个性化教学实施

实施教学是教育的核心和关键步骤，推崇个性化的教育，其实质就是要在个性化的教育执行中体现。对于教育执行中的个性化，我认为最重要的是需要创新课堂组织模式，灵活运用各种教学手段。在个性化教学视角下，教师应致力于消除单调的课堂结构，转而采用多元化的教学模式。例如，教师们可以通过实施开放式课程、小型团体学习、有差别的教学方法来试验新的

教学策略，并且能够根据特定的学科主题、个人教法和全班学生的特点，找到最符合他们需求的方式。这种多样性的教学方式相较于传统的集体授课制度更具优势，有助于激发学生的个性和创造力。在个性化的课堂环境中，各种教学形态都可能出现，包括开放式的课堂、有差别的教学、研究型的学习、协作型的教学、层次化的教学和个体化的教学等等，甚至可以在这些不同类型之间实现灵活的结合。

在实际的教育过程中，教师可以从以下几个方面出发，执行个性化的课堂教学：

一、设计让所有学生都能参与的任务型教育活动。

根据 "English curriculum standards" 的要求，教师应该重视学生们的积极投入与实践经验，同时也要利用各种不同的教育方式来让他们能够在一个相对真实的环境下交流互动。据著名的人类心理学专家Maslow所述，人的最大需求在于追求自我的完善化发展。激发他们对学习热情的最有效途径便是给予每个人机会去亲自发现问题及解决问题带来的愉悦感受，从而获得成功的感觉。所以当教师在规划教育教学的时候，首要注意的就是保证每一个孩子都能有足够的参加活动的空间，二是在设定题目的困难复杂度方面应考虑到各阶段孩子的具体能力状况，三是要把工作分配给各个小团体共同执行。我在一堂作文授课过程中深刻感受到这一点的重要性——针对孩子们文章里的普遍性的错漏之处，我为之制定了一套使用颜色划分的小队比赛规则：第一步是以选取4种不一样的色调的花朵作为区分标志分为红色花瓣（Red）黄色花蕊（Yellow）蓝色叶子（Blue）绿色茎干（Green）；接着按照从简单到困难的原则划定两个回合的学习挑战赛制：第一个环节是个体层面的争夺答题权限，第二个则是全班集体必须回答的部分难题部分题型由教师出卷评分奖励优胜者们以此激励他们的斗志精神。最终的结果显示那节课使整个教室都充满了活力且充满欢声笑语。原本那个总是默默无闻并且不太喜欢英文的孩子居然能勇敢举手争取答案权利！这不仅是对知识点掌握的过程也是一种能力和自信心的提升过程啊！过去如果同样内容的教导模式换作传统的方式的话，几乎没有人会愿意开口说话甚至连动都不想动的样子存在着被迫式接收信息的情况使得整场讲授显得非常压抑而缺乏生气。

二、通过各类多媒体教学用具激励学生学习热忱。

所有的有效沟通都是基于特定的话语背景展开的，这由话语情景所引发并触及人们的感知系统从而激起交流欲望。所以教师必须"巧用各类教育素材与科技工具""以适应学生的多元性和个体发展需求"，以便让他们能在指定的学习英文的环境里充满激情投入其中。在笔者教导高三下册单元五文本《绿色的兰花》前夕，为几个学生分派角色包括Mister Saleem、他私人医生和他工程师等等，然后录制了一个课本的视频片段。当学生观看同班同学们精彩绝伦的表现后，他们的热忱被点燃到极致，整个教室都充满了活力且注意力高度集中，所有人都主动参加讨论并且表现得非常兴奋。这种理想化的对话场景不仅能迅速领悟内容而且还能顺利完成后续的三项教育教学目标。再举例来说，对马丁·路德·金进行扩展性的读物研究授课过程中，首先播映了他那著名的演讲"a Dream"，这立刻引起了班级学生们极大关注度，也成功唤起了大家对他更深入探索的好奇心，这使接下来讲授的基础准备工作做得很好。此外，在作文评讲课中采用实体投影和其他教学工具也可以给学生留下直接且明确的印象，这种效果是通过口头列举学生错误或者写板书无法达到的。合理使用英语报纸对于激发学生的学习热情也有积极的影响。

三、引领学生在协作和互动中增强独立学习的能力。

"给予他人食物而非教授捕食技巧"，同样地，"教师的工作不是去授课而是引导他们学会如何自我探索"，这是著名学者陶行知的观点。这意味着教师要从单纯的教育方式转变为注重学生的思维能力和独立学习的技能上，激励他们在遇到困难时勇于提问并且享受团队协作带来的乐趣；让他们能够亲身经历各种活动如观测、模拟练习及改良等方式来发掘他们的潜力从而找到有效的学习路径提升自己的自学水平。比如对于单词记忆来说，比起直接告诉孩子每个单词的使用规则或例句组合，更好的做法是训练孩子们利用参考书籍自己查找资料的方法。原因在于："理解了正确的方式远胜过记住具体的知识点"。

四、提供给学生思考的场所，指导他们在思维冲突中获取知识。

依据新的教育改革理念，教师需要通过鼓励学生参与实际操作与思考的活动来提升他们的科技思维技巧、实践经验及创造力。所以，教师必须为他们提供充足的机会去探究并分享观点，激发并指导他们在提问、对比、辨析等方面展开头脑风暴，从而让他们能够在这种思维交锋的过程中学到知识和技术，进而增强他们的学习实力。

五、构建课后学习环境，推动学生自我研究

陶行知曾说过："每个地方都是创新的空间，每天都在发生着创新的事件，每个人都有可能成为创新的人。"通过参与诸如设计英文海报、组织英文戏剧表演和拍摄英文微电影这样的英语课外活动，可以有效地拓宽学生的眼界并提升他们的独立研究技能。如果教师能更巧妙地引导学生参加这些课外活动，不仅能够强化他们在课程中所学到的知识，还能推动他们更好地理解与应用课堂上的内容。

第五节　个性化教学评价

一、个性化教学评价的构成

一个全面且系统的评估体系应当遵循学生的身心成长规律。具体来说，它涵盖以下四个方面：

（一）准备性评价

在学习开始前进行的预备性评估，其目标是确定每个学生的学习起点。这种鹊备性评估构成了整体评价系统的基础，而它的精确度和全面性将影响后续评估的效果。

（二）形成性评价

"形成性评价"或被称为"进程评估"，是指为获取关于学习进展的信息并在理解学生对于已习得知识的掌握情况而实施的一系列系统的评测活动。它是对学生的学业表现及技能进步的一种持续性的评估方式。按照布鲁

姆的观点，形成性评估的目标在于："在设计教育内容、授课方法以及学生学习的过程中使用到的全面且有体系的评估手段，从而能够优化这些流程中的任意环节。"

"形成性评价"这个概念最早是由斯克列文于1967年提出的，之后被布鲁姆进一步拓展为一种教育评估的方法类别。它作为教导过程中不可或缺的一部分，是一个连续性的评测方式，涵盖了诸如学习行动、思维模式、情绪反应、学识技巧、互动表现、团队精神等多种因素。这种方法可以实时掌握当前教学效果及学生的进步状况所面临的挑战等问题，从而实现即时反馈、适时修正并优化教学方案。

形成性评价具备如下特征：其目标在于提升学生的学识而非仅是确定他们的学业级别；它的高频度使得每个阶段都能够得到实时的反馈；它的总结程度较低，覆盖面也较窄，更适合用于单个主题的测验或者对学习的进展情况进行检测。

教师能够通过形成性评价获取反馈，确定学生的学习起始点并优化和加强他们的学习。主要的形成性评价方法有日常记录评估、课堂观察以及成长记录袋等。

（三）诊断性评价

诊断性评价活动是在课程或者学习阶段启动以前，针对学生现存的认识、感情与技巧状况而展开的一种评定行为。这种评估的目标如布鲁姆所述："诊断性评价有助于学习的推进。它能为缺乏基础条件的学生制定一套消除学习障碍的教育策略，也能为那些已有一定理解甚至完全掌握了教科书内容的学生提供激发优势并且避免倦怠和满足感的教育计划。"诊断性评价既可在开课之初执行，也可能贯穿于整个教学流程之中。对于课堂之前的评估而言，它的目标是通过检测来确认学生的能力以便据此做出合适的安排；至于课堂内的诊断性评价，则旨在找寻学生学习上的问题所在以及产生的原因。在教学的过程中，教师若想构建适应学生特质的教育规划，就需要深度洞察学生当前的知识和技能掌握水准，了解他们的学习动力现状，识别他们在学习上遇到的困难和成因等等。这是通过各种方式和渠道获得的信息，其中诊断性评价是最常用的且效果显著的方法之一。诊断性评价的主要应用领域包括以下几点：

1.检查学生的学习准备程度

在教学开始之前，比如某个课程或单元的开始阶段进行测试，能够协助教师了解学生在教学初期已经掌握的知识、技巧和发展水平。

2.确定对学生的适当安置

通过实施定向诊断测试，教师可以对学生在学习上的独特性有更深入的理解，并基于此进行适当调整，使得教育能够更好地满足学生多元化的学习需求。

3.造成学生学习困难的原因

诊断性评价是在教学过程中进行的，其主要目标是找出学生学习上遇到的困难以及这些困扰的根源。

（四）终结性评价

最终评定是对学生在特定学习周期内的表现与能力的总览，例如学期末测试或者毕业测验。这种形式被称为"终结性评价""后期评估"，主要为成果型测评，通常于某一完整教育时期完毕之后，用于衡量整体教育目的的达成情况。这类评估一般会在学习周期的最后环节完成，旨在理解并鉴别学生对于当前课程的目标掌握状况。它的任务在于确定学生是否达成了并且在何种程度上实现了预设的教育目标；它关注的焦点主要是学习的结果；评估的主要对象常常包括那些能够用数字准确度量的部分，像知识、技巧等等，这些都可能通过精准的百分比表示出来；此类评估经常会发生在一种正规且庄重的氛围下，这可能会让学生感到紧张和压力。然而，就其实际效果而言，因终结性评估仅针对现行语言学科点进行考察，所以对其参与者的后续学习几乎没有太大益处，毕竟这些人即将完成此项学习活动，即便发现了什么问题也不再有机会改进了。不过，这对教师们的教学工作还是有积极意义的，这样可以让教师们更好地调整自己的教学策略，从而避免在新一轮的教学过程中出现相似的问题。

二、个性化教学评价的内容

教育过程是一个繁杂且开放的系统，因此，对其进行评估的内容也十分广泛和丰富。简单来说，个性化的教学评估主要涵盖了对教育环境的评估、对教师教学水平的评估以及对学生学业表现的评估。

（一）学生学业成绩的评价

评估学生的学业表现并不仅限于考试分数，而是要将他们视为一个整体来进行评估。基于布鲁姆的教育目标分类理论，教师可以从心智操作技巧、认知能力和情感三个方面对学生的学业成绩进行评价。

1.心因动作技能

在心因动作技能的子领域，设定了以下七个目标：

（1）通过观察示例并感知刺激情境，可以构建一个内在的运作模型。

（2）实践应用，掌握将所学的复杂反应应用于实际环境中的技巧。

（3）组织，能够自如地组织和运用一系列动作。

（4）包装，通过编码线索和信息，产生动态的心理设备。

（5）掌握了对局部行为的自动化应对技巧。

（6）在引导下的反应，根据指示，决定动作反应的形态、高度、速度和方向等。

（7）复杂的明显反应，将局部动作综合起来，达到复杂的明显反应。

2.认知

子目标在认知领域中涵盖了以下六个部分：

（1）理解，就是用自己的语言来阐述概念或原理。

（2）知识，对某一理念或定义的简单回顾，对特定原则或方法的记忆，以及对某个过程或框架结构的记忆等。

（3）对问题进行深入分析，利用已学的知识来揭示其内在关系和与外部环境的互动。

（4）整合信息，在进行分析的基础上重新组织，使其转化为内含逻辑的有机结构。

（5）应用，将抽象的理念应用于实际问题的处理，例如利用语法知识来解析结构复杂的句子。

（6）评估，依据某种规则对事物进行评价，既包括实际情况的评估，也包含价值观的评估。

3.情感

在情感领域，子目标涵盖了以下五个部分：

（1）接纳，将既定的价值观念融入自身的价值观中，塑造出自我的价值理解和认知。

（2）反应，在特定环境下，内化的价值观产生的外部表现。

（3）对事物进行价值评估，并做出符合社会价值观的理性判断。

（4）价值构建，基于对价值的评估，进行分析、概括和整合。

（5）价值观的个性化，社会的外在价值体系最终转变为具有个性化特征且稳定的价值理念。

（二）教师教学质量的评价

教师的专业技能和品质对于全过程的教育活动具有深远的影响力。评估教师教育水平的关键要素包括：教学观念、学识积累、教学心态、教学技巧、教学方法、使用教学工具等各个方面。为了确保评定教育的准确性和公正性，需要设定明确且实际、客观并可以衡量的标准。比如，可以通过制订一系列关于课程安排、教材展示模式、授课时间的分割、课堂内容的深度及广度、课堂互动的吸引力和参与度的具体评分准则来全面地评估教师的教学水准。

（三）教学环境的评价

个性化的教育实施依赖于创造性的教学条件，而评估这些条件的价值也是教学评定过程中的重要环节。具体来说，教师需要关注的是：环境的一体性、其开放程度、生态环境和综合性这几个维度。通过这样的方式，可以更好地理解并优化教学的效果，从而提升教育的品质。

三、个性化教学评价的方法

由于个性化教学的特质，教师需要运用多种方式来衡量教育工作的效果和价值。具体而言，这些评估手段主要是对教室环境及其教师的教学水平进行评价和对学生的学习成绩进行评价。接下来，将分别展开讨论。

（一）对教学环境和教师教学质量的评价方法

评估教学环境和教师的教学质量主要有以下几种方式：

1.观察法

采用观察法作为评估外显行为变动的核心手段，其依据是不同的评判目标决定了所需观测内容的差异。比如，要衡量学生间的互相影响程度，教师需关注他们的互动关系；而如果目的是分析教育对于学生的冲击力度，那么重点在于研究教师和学生之间如何互动；同样地，为了确定教师的授课内容是否符合学生的理解能力，要看他们在课堂上的反馈情况；此外，判断教师教导的方式是否灵动多变，可以通过查看他们课程时间表来做决策；最后，想要了解个性化的教学能否充分激发学生的自我驱动能力，就得考察他们自发学习的时长。

2.讨论法

讨论法是一种让教师和学生在一个自由且平等的环境里通过集体对话的形式评估教育环境与教师授课风格的方法。在这个氛围中，学生们能够毫无顾忌地发表意见，这不仅能揭示他们的不足之处，也能展示出他们无法用其他方式表达出的优势，进而为教学提供反馈并对教学策略做出调整。

3.问卷法

问卷调查法是一种利用问卷的方式对教育进行评估的手段。主要应用于评估教学环境、教师的教学能力以及学校整体的教学成效的合适性。

（二）对学生学业成绩的评价方法

主要的评估学生学业表现的方法有个性化分析、成果展示、自我评估、同伴协助、教师互评、试卷评价和契约评价。接下来，将详细介绍这五种评估方式。

1.个性分析法

个性分析法是一种评估学生学习起点的方法，它结合了学生自我的阐述和教师的全面观察。这种方法通过详细的文本记录去描绘出学生现阶段的发展情况，以便教师能更深入了解每位学生的独特性和个人特质，从而为其定制个性化的教育方案奠定基础。因此，描述性报告是实施个性分析法的关键手段之一，其涵盖的内容如情绪状态、价值观、技巧水平、动力源泉、能力和潜力趋势以及未来的职业规划等等。

2.成果展示法

采用成果展示法的教学策略是在一定周期内完成学习任务之后，通过各种形式如朗读、演说、演出、绘制图像或播报等方式呈现所学知识和经验，从而使学生感受到学习的满足感和自豪感的一种评估手段。在执行此种方法时，应当确保所有学生都能积极地投入这个过程当中。对于不同阶段的目标结果，教师并不需要做纵向比对，而是仅针对同一位学生在各个时期的表现进行分析，例如把当前的成绩与其之前的一个月相比照。

3.亲师互评法

教师和父母之间互相合作并分享观点以评估孩子的成长状况是亲师互评法的核心内容。教师利用各种途径（例如家庭会议、家访、家长指南等等）定期与家长们保持联系，彼此共享他们对于孩子们的理解，从而达成一种相对统一的见解，以此协助孩子们克服他们在生活中遇到的问题。

4.卷宗评价法

通过使用卷宗评价方法，教师能够以整个档案来全面了解学生的发展状况。每位学生都会被分配到一份个人档案，其中包含了他们的喜好、个性特征、优势与劣势以及学业进展的信息。这些信息会被持续记录并在分析后更新。基于此，教师们能更深入地理解学生的学习历程，从而适时修改课程设计和时间表的规划。

5.契约评价法

通过教师和学生之间的协议完成情况来进行评价。

四、个性化教学评价的过程

通常，个性化教育评价的流程包含如下四大流程：

（一）收集资料

收集资料是评估过程的初始步骤，它为全方位和系统性地评价打下了基础。教师应尽量深入地搜集与学校、教师行为乃至学生有关的各种资料，越多的资料就意味着评估结果更具科学性。

（二）分析资料

通过量化的测试、检验或描述性的分析，对待评估的目标进行全面的解读，找出教育活动中各个元素的正向和负面效果。

（三）判断资料

通过全面的信息分析，对待评估的主体进行判断。这种判断涵盖了价值判断和非价值判断。价值判断是指具有正反两方面的判断，比如态度的积极与消极。而非价值判断则是针对事实进行的判断，例如对abc，d的判断。

（四）得出结论

在前述三个步骤的基础上，对教学环境、教师的教学水平和学生的成长进行概括性结论。

五、个性化教学评价的目的

教育评估的主要目标应是为了推动学生的学习进步，而非妨害其成长。然而，传统的教导方式通常视之为筛选和预判优秀学生的手段，并通过对学生间的成绩对比来衡量他们的学习进展情况，这显然违背了教育的初衷。所以，为了有效地实施个人化的教育评估，教师需要转变思维模式，准确把握教育评估的目标意义至关重要。概括地说，个性化教育评价的核心目的包含如下几点：

（一）尊重学生的自由人格与个体特征

每位学生终会蜕变为独特的个体而非他人复刻版。这是由于他们在接受教导的过程中形成了属于自己的独特品位、目标、风貌及特质。评估并非设定一系列的标准和期望来对他们进行评判，给他们评分，然后把他们划分为不同的等级，而是鼓励教师和课程策划人员重视并促进他们的自主精神的发展，全面理解并接纳学生成长过程中的多样化，尽力塑造出具备个人特点的学生素质。

（二）帮助学生更好地学习与发展

进步是在一段时间内学生经历的变革，涵盖了进程及成果两部分。这种进展是一个整体的过程，其中包含着进程和成果的关系。学生在成长中展现出的不同并非源于他们的能力和技能，而在于他们转变的速率和偏好上有所区别。如果给每一个学生足够的时间去学习，那么每个人都能够获得最大的进步空间。所以，忽略学生的个人特点并仅以分数来评价他们是不合理的。教师应该重视每个学生在成长阶段的特点，了解他们在学习和进化历程中的位置和状态，然后设计和修改课程安排，以此达到让学生全面发展的目标。

第五章 英语学科教学设计与效果检测

第一节 英语学科教学目标确定

一、英语教学目标确定过程中存在的问题

（一）部分教师综合素质有待提升

教师在高中英语教学过程中的重要性是毋庸置疑的，同样，在新课程标准理念下确定高中英语教学目标的过程中，教师同样也扮演着重要的角色。然而目前来看，部分高中英语教师的年龄比较大，虽然对新课程标准理念具有一定的了解，但是在理念层面并未"完全"认同，在教学目标的制订方面依旧在传统应试教育制度理念之下进行一系列的工作，导致现阶段国内高中英语教学目标依旧以"成绩"为主，教师教学和学生学习功利心过于严重，而且在实际的高中英语教学过程中，十分容易出现教学效果两极分化、高分低能的情况。英文教育的首要任务是推动学生的英文基本能力的提高，这包括了语言技能、思考质量、文化和知识的学习四方面。然而，如果教师自身的全面素质不够高的话，制定出的中学英文教学目标很难达到其根本目的，也无法确保中学英文教育工作能持续进步。

（二）教学目标主体并不明确

在新课程标准理念下确定高中英语教学目标不仅需要考虑到教学内容、学生学情等因素，还需要经常面对教学主体（教师或者学生）的选择。为了响应高中英语新课程标准理念要求，需要将学生确定为目标主体，而在具体的教学目标当中，还需要体现出教师的主体地位，由此在新课程标准理念下

高中英语教学目标确定阶段就会出现一定的矛盾现象，直接影响到教学目标的科学合理性。譬如，目前国内部分英语学科教师习惯性采取分层法进行教学目标的顶层设计，以达到循序渐进的高中英语教学效果，这样进行教学目标设计的优势在于能够"有的放矢"地开展教育教学工作，教学工作的针对性会得到比较大的提升。但是在教学目标主体不明确的情况下，会导致层次性教学目标设计方法出现较大的缺失，不仅难以达到理想的教学目标，甚至还会严重影响到实际的高中英语教学效果，因此在后续的新课程标准理念下高中英语教学目标确定阶段，需要进一步明确教学目标主体，从而提升教学目标的科学合理性。

（三）教学目标的重点不够突出

教学目标的明确很大程度上是通过教学重点的明确而实现的，在教学重点得到明确的情况下，不同的教学活动得到重要的依据，后续每一个环节都可以为最终的教学目标服务，从而更加快速地达到理想的教学效果，这也是新课程标准理念下高中英语教学目标的主要作用之一。一些高级中学英语教师在制订教育目标时，基于新的课程标准的观念，他们把英语教育的目标划分为知识技能、学习技巧、思维方式和情绪状态等细化的教育目标，并在实际的教育活动中加以实施。但是，这样的没有明确优先级的教育目标使用可能会导致无法正确指导具体的教育行为，并可能使学生产生强烈的不确定感，他们的学习进程也得不到激励支持。除此之外，部分中学教师在教学目标方案当中没有说明明确、具体的目标，而是一种相对笼统的概念，在这种情况下，高中英语教学针对性难以得到提升，同时也不利于高中英语教学后续的开展。

二、新课程标准理念下高中英语教学目标确定方法

现代中学学生群体所处的时代发生了比较大的变化，现代的信息技术、多媒体平台等等都在促使学生学习理念、学习方式和学习模式产生变化，与此同时，学生群体对于英语教学要求也变得越来越高，在这种情况下，更加需要重视教学目标的确定，具体可以从以下几个方面开展工作。

（一）及时更新教学理念

任何工作都是"理念"先行，在教育工作中亦是如此。因此为了保证当代新课程标准理念下高中英语教学目标的科学合理性，需要及时更新教学理念，同时保持动态化更新，实现高中英语教育工作的可持续性发展。在新的课程标准中，有明确的指导原则，即需要从传统的应试教育转向素质教育，同时也要重视培养学生的英语基本能力。与此同时，还需要开展创新教育理念的宣传和教育工作，可以在校内外同时利用现今流行的新媒体进行宣传，使得中学学校上下都能够意识到新课程标准理念的重要性，并且将其融入具体的教学目标制定中。除此之外，还需要重新认知新时期的英语教学工作，在这一基础之上不仅需要完成知识理论、实践技能的教学，还需要促进学生英语核心素养和综合能力的成长，这本身就是新课程标准理念下高中英语教学工作的主要目标之一。

（二）细化英语教学目标

教师在新课程标准理念背景下确定高中英语教学目标需要确保教学目标的准确和有效，其重点工作就是高中英语教学目标的细化，为此，高中英语教师作为主导者，一方面要吃透教学大纲，另一方面要深入地钻研高中英语教材，促使不同层次的教学目标都具有科学合理性、准确性的特点。例如，在新课程标准理念背景下，教育工作的终极目标是为了促进应试教育转为素质教育，因此在教学目标的制定过程中，不仅需要完成知识理论、实践技能的融入，还需要完成英语核心素养内容的融入，从而实现教学目标的细化，这样才能实现理想的英语学科教学效果。

（三）促进教学目标与课程方案的结合

在新课程标准理念下高中英语教学过程中，教学方案与教学目标本身就是一体的，而在传统高中英语的教学过程中，教学目标与课程方案并未完全结合，二者存在一定的割裂现象，因此难以得到理想的教学效果。因此，在后续的新课程标准理念下高中英语教学目标制订的过程中，需要促进教学目标与课程方案的结合。为此，高中英语教师在进行教学目标制订之前，需要重视学生这一学习主体，依据学生的个性等方面组织学生互相学习互相促进。譬如，中学学生正处于"青春期"，学习能力比较强，因此教师需要了解这一特点设定教学目标，并且运用多元化的引导方式促进学生进行英语口语交流，学生在这一过程中会将自身比较熟悉的、认为较好的英语词汇组织起来进行沟通和交流，同时教师还可以引导学生积极分享和交流，这是教学目标与课程方案结合的重要表现，有利于得到更好的教学效果。

（四）促进高中英语教师综合素质的提升

在新课标观念下的高中英语教学中，对教师的期望值比以前有所提高。为了确保这一情况能够持续下去，教师必须定期安排并执行相关培训活动，同时建立相应的奖励惩罚机制来鼓励更多教师参加这些活动。这样做的目的是让成功的案例和经验能被广泛传播，使其成为一种推动力，促使教师们不断进步。这不仅有助于他们更好地制定教学目标，还能有效地保障整个教学流程的高效性和高质量。

综上所述不难看出，虽然新课程标准理念对于国内的高中英语教学起到了重要的指导、引导作用，但是目前来看在高中英语教学目标制订方面仍旧存在着一定的问题和不足，不利于中学生英语核心素养的提升。因此中学学校需要重视教学目标制订工作中存在的问题，并且采取针对性的策略进行优化和完善，循序渐进地促进高中英语教学目标合理性、有效性的提升，这对于国内中学学校英语教育、学生的英语学习都具有重要的现实意义和作用。

第二节　英语学科教学过程设计

一、英语教学设计现状及成因

随着英文教育的深化变革不断深入，各级政府部门及培训学校均把提升教师的教育策划才能视为推动新的学习体系深化的关键手段。各地区都在举办各类教育教学竞赛并将其纳入常规赛事中的一项重要任务——而这些赛程中的常见主题就是"教学规划"的设计工作。尽管大部分参赛者的基础知识牢固且具有明确的学习观念，但仍存在一些不足之处。例如：目标值设定得不够精确，未能准确定位重点难点的位置，无法使课堂流程适应预期的效果等等。针对这类问题的产生，通过分析认为原因可能包括以下几点：第一个原因是他们在全面领会新型学习的含义上还不够到位，导致他们的授课方式并未跟得上时代步伐；第二个原因是很多教师并没有掌握到如何有效地运用策略来完成这项工作的方法；第三个原因则是教师关于形式上的认识模糊不清导致的执行过程不符合规定标准的问题出现较多。由此可以看出，一部分教师并不充分懂得有关这个领域的原理及其实践操作的方法论，这也限制了一流课案的效果能够被广泛传播的可能性。

二、教学设计的理论依据

（一）依据《义务教育英语课程标准（2022版）》

基于《课程标准》的设计构成了教育工作者教学计划的核心基础，并为其制定了最低限度的要求。随着《课程标准》的研究与教育的持续变革，学科关键能力的出现为教育教学方案奠定了主要思想框架，它不仅关注于培养学生的基础理论知识，更重视他们实际操作技能的获取，也就是他们的行为、思维及技巧的发展。因此，为了实现这一目标，教师必须通过教学策略来创造有利于学习的行为环境，让学生有足够的经验去掌握这些重要的能力和技巧。此外，教师还需要充分理解每一个孩子的独特性格特点，并在教学过程当中积极构建多样化的教学方法，以便根据孩子们的不同情况进行针对性的教育，从而使教学效果更加有效。

（二）依据语言学理论

教授英语的内容就是英语语言，对于语言学原理的理解肯定会直接影响到教师在制定教学规则、设计教学策略等各个方面。因此，研究和探讨教学设计必须考虑到语言的基本特性和属性。

（三）依据第二语言学习理论

在探究语言学习的过程中，研究者们观察到了许多可以遵循的规则，这些规则被归纳为各类理论，即学习理论。其中，对英语教学设计产生深远影响的理论包括。

1.行为主义理论

由BF Skinner提出的行为学派论点认为——提升口语技能的核心要素包括模拟和实践或者惯例：当特定条件被满足时，学生能通过建立新的经验联系从而实现对输入信息的回应并获取知识的过程。这个理念主张需要反复训练以确保正确性和减少误差；因此，可以把英文教育活动的策划构思为"触发——响应——增强"的方式方法，利用各种丰富的教导手段去激发学生的正面反馈进而取得巩固的效果。

2.先天主义理论

根据先天主义观点，孩子天生就具有学习和掌握语言的能力及过程，对周围世界中的语言环境有着极高的敏感度。这一观念得到了Chomsky（乔姆斯基）的支持，他主张内化的、天赋式的语言学习方法。基于这个理念的研究者们进一步确认了创新力作为二语学习的核心要素的重要性。

3.认知主义理论

怀特里德的认知发展理论主要关注儿童学习欲望与学习目标如何影响其语言技能的发展过程。该理论主张个人知识框架是以内部连接方式构建并形成的，并且可以通过特定途径互相联结。根据这一观点，教育设计的核心思想可得出以下结论：在制订教导策略的过程中，必须重视学生的求知欲；设定教学目标的时候，需要重点建立起他们的知识架构，并将语言结构理解作为基础来规划有效的教学手段。

4.社会互动主义理论

作为一种源于对社交元素重要性的关注的社会交往论点是由一些研究人员提出的，他们主要集中精力探讨人际的交流如何能够极大地推动孩子的成长过程中的认知进步和社会化进程的发展。根据这一观念来看，孩子们的行为模式很大程度上取决于他们的同伴及成年人在其生活中的参与程度；尤其是当这些成年人具备较高的教育水平时更是如此——例如：他们在教授孩子们新词汇的过程中所展现出的积极态度就起到了至关重要的促进效果 。因此，称为"辅助式学说"，即指那些为学生提供了必要的指导以完成任务或者解决问题的教师的行为方式就是这个概念的核心内容之一。此外，还有一项关于此项主题的研究表明，相比独自一人去探索新的领域而言，接收到他人更多的协助将会大大提高学习的效率并且也会让整个体验变得更为愉快且富有成就感；这也从另一个侧面证明了一个事实那就是人们之间互相合作对于提升个人技能有着不可忽视的作用力。

（四）依据教学理论。

1.教学过程最优化理论

优化教学流程就是在特定的教育环境下，以尽量少的资源、最小化的精神投入，为了让教师取得最佳的教学成果和学生获得最大的进步而寻找合适的教学策略。这个理念从执行质量和效益来看是有意义的。

教师可以通过合理的教学规划来实现，既不让教师和学生承受过大的压力，又能最大化教与学的效果。可以根据巴班斯基的最佳化标准来进行教学设计，以期达到最优的教学效果。

2.教育目标分类学理论

这一观点主张构建有等级分类的教育目的，它们可被划分为各个领域的子集，自初级至高级形成多个级别。通过观察学生的具体行为，如他们在认知、情绪与运动技巧方面所展示的表现，以确定他们的水平是否符合标准。比如，对于认知部分，其教育目标包含了理解、运用、解析、整合及评估等方面。因此，在规划英文课程的目标时，教师需要依据教材的内容和学生的情况进行深入研究，合理地设置目标。

第六章 高中英语教师人文素养的提升

第一节 教师人文素养的内涵与意义

教师乃教育核心，其主要目标在于增强全民素质以培育具备创新思维与创意思维的社会人才，推动中国向现代化的迈进。教师在审视学生的品质及他们的培养方法时，首要任务应该是检讨作为教育核心的教师的品质，尤其是全面考虑他们的问题。必须强调的是，随着各地方政府、教育管理机构以及学校的愈发关注于教师团队建设，特别是在"教师的专业成长"观念逐渐实施后，人们对教师修养的尊重也在不断增加。其中，人文学养已然成为近年来的热门话题，它也正逐渐被视为教师培训和职业发展的关键议题。

提升教职员工的人文素质不仅是教育的进步和成长的需求，同时也是解决在中国经济和社会转变的过程中所遇到的问题的重要策略。自二十世纪开始，受制于如学校环境逐渐商业化的多种影响，教师人文素质的缺乏已经成为无可争议的事实。在这个历史性的巨大变化时期，教师们的思维方式、收益模式以及相应的情绪反应都经历了深远且剧烈的变动，这导致了他们的职业道德感、学习态度发生重大改观。

许多相关的实际研究表明，教师在人文知识、人文学术品质和人类价值观等方面存在着严重不足的情况。因此，提高教师们的文化修养成为一种强烈的需求。

一、教师人文素养的内涵及构成

通常来说，人文素质指的是个人在语言行为与精神状态上展现出的人文主义思考方式，它涉及对于个体存在的重视、个体的价值观及其生活目标的重要性，也包括了人们对生命最终的目标和人类生存本质的深层次探索，这是由个人的反思、内视和自我审查来完成的自我提升与人性的完善，并进一步利用这些成果来洗涤人们的灵魂，以达到人生的最高境界。简要概括，人文素质就是反映个人如何看待自己、别人和社会的精神、心态和观念的修炼。

尽管提高教育者的文化修养主要是依赖于他们自身的努力，但这个理念却包含了诸多难以理解的部分，导致很多教师感到困惑而无法找到合适的切入点。因此，确定教育者文化的组成部分作为培育他们的基础至关重要。可以把教育的文化内涵划为以下几个方面：人文学识、人文情感、人文道德、人文价值观、人文精神与人文行为等6个元素，这些元素共同构建了一个完整的教学文化框架。

（一）人文知识与文化底蕴

作为一种基本知识体系，人文学科涵盖了与心灵活动有关的主题如历史、文学、哲学、宗教学、伦理观念、法规制度及艺术等等。这些主题构成了对于人文教育的基础载体。通过优秀的人文文化的发展来提升个人的人文素养，并且随着时间推移经由积累、精练和升华逐渐成形并在社会进步的过程中得到发展。古语曰："无诗则不能谈论；无礼仪则难立足于世。"每个人都必须接受教导，广读书籍，涉及诸多领域如语言、文字、历史、哲学、美术等方面的人文和社会科学知识，应该深入研究古代文化和其传统思想，并且具备一定的历史意识能够做到 "遵循常道应对变化，回归根源开创新的局面"。因此可以看出，人文学科为师生提供了重要的素材和人文素质的基础元素，同时也起到了调节情感、培养性格、增强爱心的作用。他们拥有的人文知识影响着自身的心理状态和生活方式，更重要的是塑造了他们的心智世界。从深层次的角度看，教育就是一项继承文化传播智慧的工作。人文学科帮助扩大了教师的精神视野，抵抗住了生活中的平凡和平淡，显示出非凡的重要性。

（二）人文情怀与儒雅气质

教学活动应该是一个教师与学生之间和平相处且相互作用的过程中，也是心智交流和思考互动的一个环节。所以，教导孩子需要"用感情去打动他们，用道理来启发他们”。教师的文化素质其中一部分就是人道主义情感或者说人性关怀，它表现为有真实的感受并且让这种感觉自然地表达出来从而达到期望的教育成果。

"人文关怀"的基本含义包含了尊崇人文精神，尊重人和人的多元性，这反映了人们对自己生活状况的深刻理解和对未来美好的热忱期待。首要的一点就是自我照顾，正如教育专家陶行知提到的那样：带着真诚的心而来，没有任何私欲离开。这些教师极少因为权力、声誉或利益感到困扰、失望或者焦虑，反而常常为了工作和生活付出努力。他们的职业生涯中充满了平静且积极的态度。此外，拥有"人文关怀"的教师们充满童真、善良和同理心，展现出了亲切友好的一面。他们对待同事有礼貌，关心学生的成长，理解管理层的需求，并且善于处理家庭关系。他们深深地喜爱每一个学生，就像疼爱自己的孩子一样，用"人性化"的方法引导教育，推动学生全面发展和个人特质的发展。最后一点，拥有"人文关怀"的教师们有着优雅的风度和丰富的艺术修养。凭借积累的丰富的人文知识和文化底蕴，他们谈吐风雅，爱好广泛，体现了作为一名文化人士应有的儒雅气息。在教学实践过程中，这种人文关怀逐渐演变成为一股强大的"教育之爱"的力量。那是由教师无私的心境所展现出的博大情怀，是一份真诚且深入内心的、导向最终目标的爱护。这份爱护是以"人"为基础的，它体现了对于人的尊敬和珍惜，也展示了对于人的最深层次的关注。这正是在教学活动中产生进步并且实现期望成果的关键因素。

（三）人文道德与高尚师德

教师与普通人的个性有所区别，这不仅关乎他们的"为人之道"，也直接关系着他们如何塑造和引导孩子的发展方向。所有这些影响力都需要通过教师的个性和价值观来体现出来——这是教育的核心部分之一。一些学者认为，"完美的教学角色应该包括：理解并尊重自己的职业尊严的重要性；坚信知识可以带来积极的影响力并且始终保持这种信仰不动摇；具备强烈的责任感和奉献意识，能够为了孩子们的利益而做出自我牺牲的精神态度等等"；毫无疑问的是，唯有卓越的教育理念才有可能培养出现代社会的优秀道德标准。因此需要把人类情感提升至个人修养层面去看待它们，让这样的素养变成教师们日常行为的一部分以确保教育教学活动的顺利开展。

（四）人文价值与教育理想

"人文价值"是指重视人性的重要性和生命的重要性，关注人们的内心世界，并寻求其精神层面的提升。为了实现教育的"人性观"，教师需要深入理解如仁慈、自由、和谐、宽容、敬畏、谦逊、自我反省、感激、同情、机智等等这些反映了人类共通价值的核心词汇，并将它们融入自己的教学观念中。同时，他们应始终坚持以学生的成长为主导，尊重每个孩子的权利，满足他们的正当要求。所以教师应具备服务的意识，全心全意地为孩子们的成长提供支持。这样一来，每位学生都能够在这个基础上有显著的发展。教师要认识到每个人都有独特的天赋，并且必须给予足够的尊重和自由来让他们展现自己独特的一面，追求思维上的独立性，同时也通过对学生的公平对待来激励他们自信、骄傲和努力奋斗。

（五）人文精神与胸怀天下

人文学的核心概念为人文精神。可以这么说，人文素质最直接的表现就是人文精神。人文精神是指广义上的人文学科所展示出对于生命的存在与尊重，价值观及意义的认知，以及对美好生活的向往。人文素质的基础是在人文知识的学习中形成的。人文知识代表了人们对自我和他者的社会环境的探索和改良的过程中的经验累积。而人文精神则是由这些学习所得的内在精神产物，它是深藏在我们内心的东西，并通过我们的行动表现出来。

人文学的核心特质是自主、自我反思及批评性的思维方式。所以，教师需要不仅仅是传授优秀的文化和价值观，还要主动探究教育的模式并自发地参与到创造和改革中去。在这个充满科技理性和过度依赖的技术化的教学环境下，教师必须保持一种批判的态度，积极挑战现有教育体系的问题，勇敢表达自己的观点，用融合了科学和人文的方法来教导学生，启迪他们独立而自由地思考生活和社会，培育他们的批判能力，塑造出关爱别人和尊敬别人的品格，同时也要关注全人类的未来和发展的方向。

（六）人文行动与教育践行

普遍观点是，具备深厚人文学养并能将其付诸实践的教师是最具道德感召力的。这种人文学养不仅仅反映了教师的个人特质，还需在外部行为中得到体现，尤其是在他们的教学生活里。简而言之，一个人文学者素质高的教师应能在他的教学活动中展示出他的人文特点。而这些人文特色则会在他们的工作中以实际行动呈现出来，例如亲身示范、树立目标、自我反思及榜样作用等等。唯有如此，一位拥有高尚人文修养的教师方能充分发挥其教育的价值观，同时也能有效地对学生产生积极的影响，从而促进学生的全面成长。

二、英语教师人文素养问题分析

（一）技能性训练偏多

目前的教育方式致力于提高学生的整体语言应用技巧，大量地教授单词及语法规则，强调听力、口语、阅读和写作四个方面的语言技术培训。然而，许多教师仍然主要采用传统的教法，很少实施任务导向式的教学活动。在英语教育的目标设定方面，过分重视语言知识的现象依然普遍存在。由于视觉性和标准化程度高的技能训练使教师们能够系统性地解释知识点，他们会尽力去实现这个知识的目标，但对于那些无法衡量的如感情、爱好等方面的人文元素却被忽略掉了。这种过度追求利益的教学态度导致了学生们在掌握英语表达能力的熟练度上有欠缺。"此外，单项的技术训练和传播只把学生视为知识的接受者，这是一种"填鸭式"的方法，它忽视了学生在沟通过程中的自我语言使用经验，削弱了他们在获取理解和经历的过程中所遇到的问题并解决问题的能力。优秀的品质、崇高的道德观念、善良的内心世界、丰富多彩的情绪、永不放弃的精神、平和的心态等等，这些都是仅凭外部课程标准的规定或知识的传递难以达到的，因此需要呼吁人文学术的发展和人文精神的弘扬。

（二）知识结构单一

我们现在生活在一个信息爆炸的世界里，学生们需要掌握越来越多的新技能并快速更新他们所学到的旧有的东西。这意味着作为一名英文教师必须具备广阔的专业视野并且能够从各个领域汲取新鲜的信息来丰富自己的课程设置与授课方式，这样才有可能激发起孩子们的学习热情并对之产生敬意及信赖感。而对于那些涉及人类文化的科目如文学等来说它们具有很强的感染力和人文价值能对人们的思想感情起到熏染作用从而提升其精神境界塑造正确的价值观人生观。基于此，可以看出全面提高教师的综合素质尤其是人本主义方面的能力是非常重要的基础工作之一。所以中小学校里的外语教师们应该更加注重自身的人类文化和世界历史的学习以此完善自己多元的认知体系增强自身的职业竞争力

（三）跨文化意识模糊

语言不仅是文化和思考方式的表现形式，也反映了各文化间的巨大差别。由于文化差距更为显著，因此对教育者的文化认识不足或文化学识贫瘠可能会阻碍学生英文学习的进步。具备良好的文化认知能力有助于恰当地运用语言，而这正是英语教师需要通过丰富的文化素养来构建其教导基础的原因所在。他们应能超越语言表面，深入了解并把握英语背后的深刻人文学养。如果只视语言为一种工具，那么这种教学方法就可能掩盖掉语言教育的核心意义——培养人的综合素质和人文情怀。这样的一种语言教学模式被认为是没有生命力的。此外，在英语课程中，学会跨文化交流能力和形成跨文化意识是非常重要的。

三、提升教师人文素养的意义

根据法律条款的规定，教育工作者被定义为执行其职业任务的教育专家并负责传授知识以培育未来的领导人和公民来增强国民文化水平的责任。显然地，作为教育的核心角色——教师需要拥有优秀的文化和道德品质才能胜任这个职位的要求。在我个人来看，对教师的这种人文修养的发展不仅有利于学生的学习进步和个人成就，而且也有利于他们的自我完善及事业上的成功。另外，从实际的角度出发，如果能进一步加强中学英文课程中教师们这方面的能力的话将会极大地改进该科目的授课质量。

（一）对学生成长的意义

在学生的成长历程中，教师与他们的互动最为频繁，因此在他们的心目中拥有极高的地位。教师的每一句话语、每一个动作都可能深深影响到学生，并对其价值观及道德观的建立起着关键性的引导作用。作为教育的执行者，教师的主要任务包括传播理念、解答疑惑以及教授技能。研究显示，学

校的教育训练过程是教师实施人类文化修养教育的关键路径。无论何种科目的教导，教师的精神层面与人品风貌都可以通过教学环节展现出来。教学不仅是一种传递知识的行为，还是一种"传道"的方式，也就是用教师的人格来塑造学生的性格。值得注意的是，教师对学生性格的影响并非取决于其在讲台上的滔滔雄辩，而是在于他长时间的教育工作中的教学态度、职业操守和无私奉献的态度。这种包含人文关怀的因素能对学生产生持续且深入的影响。目前，许多中小学校正在关注学生的文化和修养培育，部分学校还设立了特定的文化教育课程或演讲会等活动，这些举措实际上已经取得了一定效果。然而，学生文化的养成是一个漫长的过程，需要长久地熏陶感染。为了让文化教育达到深度发展的阶段，实现更为长远的影响力，教师必须将文化教育融入整个教学流程，将其融合进教学当中，在这个过程中，教师自身的文化修养水平无疑是最为重要的。必须强调的是，学生的文化修养并非仅仅是普通的学习内容或技巧训练，也不能通过授课方式来达到预期的效果。因此，关键在于教师是否具备高水平的文化修养、能在课堂上展示其文化修养的能力，并能利用自身的文化修养对课程进行优化以引导和塑造学生，这成为在教育教学中提高和发展学生文化修养的重要因素。

（二）对教师发展的意义

提升教育者的文化修养对他们的个人成长及教学质量的进步是极其关键的。根据当代科技的发展趋势来看，仅仅依赖个人的力量或某一领域的专长已经无法满足知识更新和教育的需求。作为一名教师，拥有深厚的、全面的文化基础可以拓宽思维，激发创意；同时，唯有怀揣着宏伟的目标和高贵的品德，联合同事们共同努力，利用团队的力量，才有可能实现显著的教育科研成果，进而推动自身的学术水准和个人职业生涯的进步。从科学技术的演变历程中可以看到，那些在科学领域取得了卓越成绩的人并非只依靠其聪慧的大脑和精湛的专业技能，而是由于他们具备坚定的人文背景和崇高的精神追求。比如，发明"汉字激光排版系统"的北大教授王选曾表示，若一位教师只是有着渊博的学识但缺乏崇高的目标和探索真理的精神，那么他很难在科学领域做出重要贡献。因此，教师的文化素质对其学术成就有决定性作用，同时也关系到整体教师队伍的构建。

（三）对学科教学的意义

在信息科技的背景下，提高英语教师的文化和道德素质的重要性不容忽视。第一，随着全球经济一体化的推进，各个国家都必须解决这样一个问题：我们的本土文化、教育体系是否能抵抗得住全球化和市场的侵蚀？为了迎接这个挑战，就需要在学校教育的融合过程中，既保持又发展自己的传统文化；第二，要思考在经济的市场环境里，怎样才能有效地对抗来自媒体文化的负面效应呢？来自不同国家的特定文化和历史环境构成了英语教育的内容。在教授的过程中，教师需要吸收这些元素并将它们转化为自己的知识储备；他们应持有全球化的视角，同时也要保持本地文化的敏感度，展现出包容的态度和开阔的眼界去尊重和赏识那些由语言传达出的其他文化内涵。所以，作为一名英语教师，必须有能力在这个东西方文化交汇的环境里建立起自我的价值观，能够公正评价和分析这两种文明的特点，并且具有创新语言和创造新文化的潜力。透过比较英语语言及其背后的文化特性，可以将其融入体现全球"普世价值"的基本原则之中，形成新的人文精神。不仅要掌握中国传统文化的核心精髓，还要能在汉英两者的交流互动中实现融合，这就要求英语教师在全球化的浪潮中，利用英语这个工具来推进和弘扬二十一世纪的中国文明，而不是仅仅作为一个语言传授者。

互联网时代中，教育的抵抗力是否能对抗传媒文化的消极效应？当前的社会环境已让媒介产生巨大且持续的力量来左右人们的日常行为甚至价值取向导向，并对各个层次人群的行为模式产生了一定程度上的文化和权力压迫感。身为主要执行者的教师需要承担起纠正由传媒所带来的青少年不良习惯和生活理念及扭曲了他们的人生哲学的责任；教师的素质深度如何变得更加关键起来。在此情况下，唯有具备超越过去强大的人文底蕴才能够履行其自身的文明任务和人格培养义务。此外，促进教师们走向专业的道路也是必要的。人性化的理解反映出人类对于自我存在的探寻和他与人相处的态度及其对待他人的看法。有丰富人生哲学修养的教授会视个人生命的发展和社会贡献为他们的存在目的和个人终身的目标。

优秀的教师通过教师的专业成长获得了前进的路径和目标，而人文素质则为其寻求职业进步提供驱动力。对英语教育是否能实现其人文性质的教育目的、塑造学生的优良品行具有关键性的影响。综合考虑以上因素，得出结论：扎实的英语教师人文素质构成了人文教育的基础，并承担起了执行人文教育的责任。唯有拥有这种素质，教师才能恰当地理解英语教育中人文特性与实用特性的关系，进而深度发掘英语教育中的人文特性。所以，提高英文教师的修养被视为自我完善和个人教改持续改进的长久工作。

第二节　提升高中英语教师人文修养的方法

一、现状下高中教师的人文修养和综合素质

当前的情况揭示出，部分高中英语教师的文化修养和人格品质存在着一定的不足之处。例如，他们可能无法展现多样化的才能；他们的领域专注性和深度可能会更高，但可能忽略了全面发展；高中教师或许对每年高考动态更加敏感，但可能对素质培养关注不多。此外，高中教师的生活相对较为单一，就像一名教师描述的那样："高中教师可能是离社会最远的群体之一，也是教师队伍中走得最近的一个分支。"

身为教育工作者的教师，如果他们的人文精神丧失，必定会影响到他们的学生人文素质的培育和教育。所以，提高教师的人文素养是迫切需要的。针对高中的英文教师来说，无论是从他们的实际教育教学任务来看，还是从如何更有效地在英语课程中培养学生的文化素养这个角度来考虑，增强人文素养是非常重要的。在这个价值观多样化的新时代，人文素养的内容和范围都在不断地扩大，这也暗示着要以多种方式去提升高中英文教师的人文素养。

二、英语教师应该具备的文化素养

（一）要有良好的品德修养和人格素质

"德育优先于素质教育"的原则强调了教师的重要性——他们被誉为塑造人类精神世界的建筑师。作为一名英语教师，在传授外语知识的过程中也传递了一种文化价值观。因此，选择并吸纳优质的外部文化元素以及培育优秀

的人才都依赖于教师的精神素养。唯有持续提升自身道德水平，教师方能造就具有自我尊重、自我珍视、自信心及创新能力的卓越语言技能者。对工作的热忱，对于学生的关爱，频繁地同那些语言基础薄弱的学生互动，使之变成真正的伙伴，构建平等的友好的师生关系，这些都需要教师具备高度的责任感。此外，教师应严于律己，遵循学校的规定，身体力行，用自己的行为去影响他人，树立榜样，赢得他人的敬仰。

（二）需要具备扎实的专业知识和一定的理论能力

对于英文教师来说，他们需要具备优秀的个人品质，同时也要熟练掌握一系列全面的教育技巧与能力。唯有拥有深厚的专业知识和理论基础，方能理解并掌控课程的内容，精细策划课堂活动，从而明确每个知识点在整个学科体系中所处的位置、价值和功能，自然而然地抓住每一个课时的关键点、难题和关联领域，这样授课时才能够达到"登高望远"的效果。要想传授给学生知识，教师自身就需储备充足的"水分"，包括"一桶"或是"一缸"，甚至是持续涌出的源头活水，以确保应对各种情况，灵活应用。此外，教师还应熟知系统化的教育理念，广博的文化底蕴，对教育学、心理学、教学法等方面有所研究，深入了解学生的英语学习心态和特点等等。

（三）要有系统的现代语言文化知识

学好英语的关键在于掌握其背后的语言文化和历史背景。由于英语与中文分属不同语系，所以作为一名英语教师需要深入了解和领悟到人类语言的基本特性及运用法则，从而提升自己的语言素养和实际应用技能。在课堂上，教师必须明确"语言不仅是一种思考和沟通的方式，同时也是一种文化的象征"这一核心观念，并且始终坚持按照语言学习的自然过程和语言能力的成长轨迹来设计和实施英语课程。

三、提升高中英语教师的人文素养的措施

（一）建立一种基于"素质"的教育者职业进步观念

教育者的专业进步是他们终身的责任，同时也是目前教育团队建设的主要焦点。为了推动教育者的专业进步，需要依靠科学的观念作为基础。现阶

段的教育者专业进步可以分为三个方向：基于技术的知识型教育者专业进步、基于实际操作及授课型的教导者专业进步以及基于学习的管理型教育者专业进步。其中，基于技术的知识型有着明显的先决条件，而基于实际操作及授课型的注重过程体验，最后，基于学习的管理型在一定程度上突出了人的本质，它的演变基本反映出从以任务为主导向以人为中心的转变。基于学习的管理型教育者专业进步相对来说更为科学且深远，然而它仍然缺少对于内部性、人性化、全面性和最终目标的关注。换句话说，目前的教师专业发展理论存在着广泛的问题，因此有改善和提高的需求。加强英语教师的文化修养被认为是英语教师专业进步的关键部分，鉴于现在教师专业发展的缺点，有必要加强对"素质"这一核心概念的教师专业成长理念的重视和强调。这主要是由于以下几个原因：首先，素质更加侧重于内在性和终极性，完全是人类特有的，更好地表达了以人为本的精神；其次，素质具备根源性和指导作用，它是人们所有行为的基本动机，并可展示人们的特性；最后，素质是个人继续成长的基础和潜力，具有黏附性和主导性，是教师持续成长的核心要素。基于素质的专业教育观念将会替代传统的教育教学方法，这有助于消除过去对教育的理解中的不足之处，从而推动从被动接受式的发展向自主发展的转变，从理想主义转向人本主义，也使得从单一角度转变成全面性的视角。更深层次地看，这种新的教育方式强调了教师应具备的基本能力及经验累积的重要性，激励他们通过不断提高自己的能力和修养来促进自身的进步。毫无疑问，教师的人文素养对于他们在当前社会环境中从事教育工作至关重要。在这个以素质为中心的教师专业发展思想指导下，无论是负责管理的教职人员还是他们的上级主管或是教师本身都应该充分意识到这些基本素质的重要性和必要性，并且积极主动地去培养自己的人文素养。

（二）执行能够促进人文修养发展的实践活动

构建教师的人文修养，最核心的是教师自我实践。教师需要积极学习并通过多样化的实践活动，在教育改革和发展的大潮中不断磨炼思维，以形成与教育教学变革相匹配的人文素质。

1.学习人文素养的必备知识

基础在于构建人文素质的是人文知识，因此要增强对教师这一群体的人文知识学习需求，尤其是对于人文知识的需求。为了实现这个目标，教师们可以通过三个途径来丰富他们的人文知识储备：首先，了解历史知识。因为现今的世界是由过去的经验所塑造的，所以需要思考如何通过教育去影响和推进这些历史进程；其次，掌握哲学的基本概念，这有助于理解并解决人在日常生活中的各种问题，包括人和自然的互动、社会的和谐相处等；最后，深入研究美的理论，以期培养出具有高雅品位、富有生机活力的个体，让他们的人生充满意义和价值感。当然，也可以适量增加关于西方宗教文化的相关知识。

2.开展人文社科的阅读活动

尽管教育机构和其他相关单位提供了关于人类文化知识的教育，但这些信息的获取更多依赖于教师们的自主学习和积极参与阅读。著名的艺术家张大千曾表示："绘画若要摆脱平凡、去除虚伪、消除机械化，首要的就是阅读，其次就是大量阅读，最后是要有序并有所筛选地阅读。"对画家来说，阅读的重要性可见一斑，更不用提作为教师的他们。然而，现在很多教师都抱怨没有时间看书，其实是因为缺乏学习的热情。有些教师认为只要拥有本科或者硕士学位就能终身受益，这种想法过于简单。中国的新儒学领袖、人文主义学者唐君毅指出："我们绝不能因为我们不去读书，仅依靠我们的天生的智力和思维能力，就可以直接解读自然的奥秘和社会生活的复杂含义。"这句话强调了阅读对于个人成长和进步的关键作用。

3.运用人文意蕴的教育方式

教师的人文素质提升需要通过他们在教学活动中亲身参与来实现。教育的先驱者陶行知的教育理念就强调了理论知识与实际操作相结合的重要性，并特别注重实际行动。如果教师说一套做一套，那么他们的言辞就不可能真正体现出对人道主义精神的支持。所以，作为一名教师，其首要任务应是在感情层面接受并尊敬、关爱及保护学生；同时，也要尊重每个孩子的个性化需求，关注他们的每一步发展和成长过程。无论是聪明的孩子或是学习较差的学生，无论是顽皮或安静的孩子，无论是成绩优秀的还是一般的孩子，都应该得到教师的认可和尊重。一旦孩子遇到了问题或者危险，教师必须积极地去关照他们；而面对潜在的风险，教师也需尽全力去保护他们。此外，教师还需掌握如何倾听和解读学生的能力。

四、英语教师人文素养在教学中的作用

（一）随着人类跨越文化的互动日益增多，脚步必然会加速前进

这对于提升外语教育质量、增强其深度文化底蕴的需求也相应增加。所以身为一名英语教师应肩负起教授沟通技巧的责任，同时也要考虑到学生的年纪特征和理解力，逐渐扩大文化教育的主题和领域。在授课过程中，关于英语国家的相关文化信息应当紧密联系到学生的日常生活、知识体系及理解程度，以激发出他们对外语文化的热爱。此外，教师要进一步拓展学生了解不同文化和差异的机会，协助他们拓宽眼界，从而提升他们在识别和分辨中西文化相似点和差异点的敏锐度，为其日后开展跨文化交往奠定坚实的基础。

（二）助力学生提升对语言理解和阅读鉴赏的技能

理解与表达的能力构成了言辞的核心部分；对这方面的训练一直是英文教育领域的热门话题。同时提升学习者的艺术感知力和增强其读写技能也被视为重要的目标。当前的教育使命在于塑造能在各种文化和环境条件下有效沟通的专业人才。如果教师具备较高的文教水平并且能以母语实现实际意义上的跨越文化的交流活动的话，那么他们的学生将会获得坚实的理论基础并在此基础上扩展视野范围到更为广阔的社会世界之中。对于英文字符所代表的美学价值的重要性可以通过文章解读过程来体现：不再仅仅关注于划分章节或者总结主题观点等常规操作方式上，相反会鼓励他们在享受词汇之美时，思考形式结构之优劣及遣词造句的方式方法等等问题。从而激发起他们的想象力。使那些看似枯燥乏味的字眼转化为生动鲜活的精神图像，进而达到真正的深入领悟的效果。最终目的便是借助教师的指导引领刺激等方式使得学生们逐渐养成追求美好事物的心态习惯并将这种态度融入日常生活当中以此为起点逐步发展出一种积极向上的人生观价值观乃至行为准则让他们真正懂得如何挖掘寻找隐藏在周围世界的美丽之处并对它们产生由衷地赞叹喜爱甚至尝试着自己也创作一些美丽的篇章作品

（三）有助于学生整体文化素质的提高。

英文教师的知识储备深度对他们的研究能力和创造力有着重要的影响，

同时也决定了他们作为榜样所展示出的行为方式。而这些因素都与学校的文化和教学质量紧密相连。所以，为了提升学生的文化修养、增强学校的文化品质及风格，需要首先确保教师具备足够的文化底蕴。这对于提升全体英文教师的文化认识至关重要，也是推动校园文化的进一步发展不可或缺的基础条件。

参考文献

［1］杨倩文.支架式教学模式在高中英语听力教学中的应用分析［J］.海外英语，2023（09）：185-187.

［2］刘派.TBI主题教学模式在高中英语阅读教学中的应用［J］.海外英语，2023（05）：171-173.

［3］张茂华，陈兴，强云.课程思政视域下跨文化思辨英语教学模式研究——基于高中英语教学实践［J］.海外英语，2023（04）：195-197.

［4］贺军，庞建红.互动教学模式在高中英语教学中的应用［J］.科教导刊，2023（02）：130-132.

［5］徐锦瑶，王静芝，黄丹鸣等.汉语古诗词融入长三角高中英语课堂教学的调查研究［J］.中国民族博览，2023（01）：211-213.

［6］王欢欢."互联网+"视域下高中英语混合式教学模式研究［J］.淮南职业技术学院学报，2022，22（06）：57-59.

［7］王星宇.课程思政融入高中英语课堂教学探析［J］.海外英语，2022（23）：176-178.

［8］常颖颖.智慧课堂背景下的高中英语教学模式研究［J］.数据，2022（12）：109-111.

［9］孙薇薇.从课堂话语特征看高中英语课堂教学方式的变革［J］.当代教育理论与实践，2022，14（06）：17-23.

［10］杨海娟.互联网环境下高中英语课堂教学探析［J］.西部素质教育，2022，8（20）：140-142.

［11］肖学敏.基于核心素养培养的高中英语课堂教学策略研究［J］.海外英语，2022（19）：180-182.

［12］苟选怀."互联网+"背景下高中英语课堂教学研究［J］.中国新通

信，2022，24（18）：209-211.

［13］王秀平.论混合式教学模式在高中英语教学中的有效应用［J］.甘肃教育研究，2022（08）：64-66.

［14］杨璐.翻转课堂教学模式在高中英语教学中的应用研究［J］.海外英语，2022（13）：163-164+172.

［15］张妍.基于信息化视野下的高中英语教学模式探究［J］.科学咨询（教育科研），2022（04）：212-214.

［16］牛金.以"生"为本，因"材"制宜——新课程下高中英语课堂教学设计实效性研究［J］.亚太教育，2022（03）：157-159.

［17］袁毓.高中英语课堂教学的导入艺术探究［J］.海外英语，2021（19）：180-181.

［18］李艳."互联网+"教育背景下高中英语课堂教学有效性研究［J］.中国新通信，2021，23（17）：155-156.

［19］杨柯贤，朱神海.走向生命化的高中英语课堂教学［J］.教育观察，2021，10（31）：113-115.

［20］肖学敏.高中英语课堂教学中慕课的应用研究［J］.海外英语，2021（15）：146-147.

［21］罗苏兰.高中英语课堂教学方法改革研究综述［J］.开封文化艺术职业学院学报，2021，41（07）：186-188.

［22］陈红霞.高中英语课堂实施少教多学策略的教学有效性调查［J］.兴义民族师范学院学报，2021（03）：108-115.

［23］陆少娜.基于智慧课堂的高中英语教学模式的构建——以潮州市金山中学为例［J］.江西电力职业技术学院学报，2021，34（05）：37-38+40.

［24］史嘉丽.混合式教学模式在高中英语教学中的实践探究［J］.西北成人教育学院学报，2021（03）：103-105.

［25］赵晓文.基于英语学科核心素养四维目标的高中英语课堂教学设计——以人教版教材高中英语必修一Unit 4 The Night the Earth Didn't Sleep为例［J］.英语广场，2021（12）：122-124.

［26］熊欣捷.浅谈基于核心素养的高中英语课堂教学改革方法［J］.科技资讯，2020，18（32）：125-127.

［27］甄红.试论新课改理念下如何有效实施高中英语课堂教学［J］.英语广场，2020（31）：131–133.

［28］骆延萍.浅谈高中英语课堂教学的有效应用探究［J］.海外英语，2020（17）：134–135.